博物馆

社会教育类型研究

济南出版社

宫凯 著

图书在版编目（CIP）数据

博物馆社会教育类型研究 / 宫凯著. -- 济南：济南出版社，2025.5. -- ISBN 978-7-5488-7254-2

Ⅰ. G266

中国国家版本馆 CIP 数据核字第 20257SQ882 号

博物馆社会教育类型研究
BOWUGUAN SHEHUI JIAOYU LEIXING YANJIU

宫凯　著

出 版 人　谢金岭
责任编辑　李冰颖
封面设计　纪宪丰
版式设计　王　焱

出版发行　济南出版社
地　　址　山东省济南市二环南路 1 号（250002）
总 编 室　0531-86131715
印　　刷　济南鲁艺彩印有限公司
版　　次　2025 年 5 月第 1 版
印　　次　2025 年 6 月第 1 次印刷
开　　本　170mm×240mm　16 开
印　　张　10.75
字　　数　150 千字
书　　号　ISBN 978-7-5488-7254-2
定　　价　48.00 元

如有印装质量问题　请与出版社出版部联系调换
电话：0531-86131736

◀◀ 前　言

　　文化兴则国家兴，文化强则民族强。中华优秀传统文化是中华民族的精神命脉，也是我们在世界文化激荡中站稳脚跟的坚实根基。随着社会的发展和人们对文化需求的不断提高，博物馆作为重要的文化传承与教育场所，其社会教育作用日益凸显。如今的博物馆已不仅仅是一个陈列文物艺术品的场所，它已经成为一个普及知识、传承文化、提高公众素质的重要平台。近年来，越来越多的博物馆意识到了社会教育的重要作用，纷纷加大资金投入，提高社会教育质量，以丰富的展品、多样化的教育活动及创新的互动方式，激发市民的学习兴趣，提升其文化认同与归属感。但是，目前博物馆社会教育事业的发展还面临着许多问题。本书旨在全面探讨博物馆社会教育的发展概况，重点分析当前博物馆在社会教育内容和形式、专业人才培养、公众互动以及资金资源调配等方面的现状和问题，并提出创新发展的思路和路径。希望通过这些研究，为博物馆社会教育的进一步发展提供有益的参考和建议，促进其更好地履行社会教育使命，为公众提供更加丰富的高质量文化教育服务。

目录
CONTENTS

第一章

博物馆社会教育发展概况

　　博物馆作为重要的文化教育机构，其社会教育功能意义深远。博物馆社会教育功能在18世纪末至19世纪初，随着公共博物馆的兴起而不断发展，在国内外均经历了从初步探索到逐步深化的过程。它具有多样性、直观性、综合性和公益性的特点，通过陈列展览、专题讲座、研学活动、互动体验等多种形式，满足公众的学习需求。

　　在价值层面，博物馆社会教育有助于提升公众文化素养，促进传统文化传承创新，增强社会凝聚力与认同感，促进对青少年的爱国主义教育，还能推动跨学科交流，为国家发展提供精神动力和智力支持。本章深入探讨了博物馆社会教育的发展历程、特点形式以及多维价值，分析了当前博物馆社会教育工作存在的问题，并为其未来的创新方向提出了建议。

第一节　博物馆社会教育工作的起源

一、早期博物馆的雏形与教育功能初探

博物馆是征集、典藏、陈列和研究代表自然和人类文化遗产的实物的场所，并对那些有科学性、历史性或者艺术价值的物品进行分类，为公众提供知识、教育和欣赏的文化教育机构、建筑物或者社会公共机构。

博物馆的发展历史十分悠久。西方博物馆萌芽于古希腊和古罗马时期，早期的博物馆主要是由私人收藏家和贵族们建立的，用于收藏、陈列珍贵名器宝物的场所。到了欧洲文艺复兴时期，随着人文主义思潮的兴起，民间收藏者开始更多地关注藏品的文化传承与教育功能。许多贵族、富商会在自己的宅邸中开辟一间专门的展厅，用来陈列自己收藏的珍宝和艺术品，同时也会邀请一些学者、艺术家一起交流探讨。这些早期的私人博物馆，不仅展示了主人的品位与财富，也起到了一定的传播文化与艺术的作用。随着社会的进步，博物馆逐步由私人领域走向公共领域，其教育功能也在不断拓展。从 18 世纪末到 19 世纪初，许多欧洲国

家开始设立公共博物馆，并向公众开放，此时的博物馆开始逐步体现出其作为公益设施的教育功能。

博物馆由民间收藏场所到公共教育机构的转变，既反映出人们对文化遗产的重视，又见证了博物馆发展的过程。现如今，博物馆已不仅是展示名器宝物和艺术品的地方，更是重要的社会教育场所。

二、国内外博物馆社会教育的开端与发展

博物馆的社会教育功能最早出现于 18 世纪末至 19 世纪初，随着公共博物馆的兴起而逐渐发展。在英国，大英博物馆的成立标志着博物馆从私人收藏向公共教育转型。1759 年，大英博物馆以其创始人汉斯·斯隆爵士的私人收藏为基础向公众免费开放，旨在普及科学和文化知识。这一举措不仅为公众提供了接触珍贵文物和艺术品的机会，还通过举办讲座和导览活动帮助公众提升文化素养、激发科学兴趣。随后，其他国家也纷纷效仿，建立了许多类似的公共博物馆，如法国的卢浮宫博物馆和德国的柏林国家博物馆等。

大英博物馆   卢浮宫博物馆

  1905年，中国近代实业家张謇提出筹建博学馆，并特别提出博学馆要具有辅助学校教育的功能。同年，中国建立了近代第一座公共博物馆——南通博物苑。20世纪60年代以来，博物馆作为教育机构和社会教育场所，开始发挥重要的教育作用。改革开放以后，人们对博物馆的教育职能有了更深刻的认识，各地博物馆开始配备讲解员，为参观者进行详细的讲解，同时开始建立爱国主义教育基地。随着人们对于教育越来越重视，如今的博物馆慢慢变成实现教育职能的重要场所，对我国人民的教育发挥着重要的作用。

南通博物苑

  博物馆以征集、保护、研究、传播并展出具有代表性的物质及非物质文化遗产为主要方式，为公众提供知识、教育和学习机会的文化场所。一般认为，博物馆具有三大职能：收藏、研究和教育职能。这三大职能在历史上虽然侧重不同，但三者并没有主次之分，收藏是为了保护人类历史文化遗产，同时也是研究的基础，而研究与收藏最终都应服务于教育。随着科技的进步，博物馆的社会教育职能也在不断地深化与扩展。20世纪中后期，国际博物馆界开始重视博物馆所承载的社会责任与教育任务，并对其进行了深入研究。许多博物馆都成立了专门的教育机构，负责策划和实施各种主题展览、互动体验、教育课程及社区活动。教育对象不仅包括学生，而且延伸到家庭、社会各阶层，博物馆逐渐成为人们终身学习的重要场所。

近年来，中国博物馆的社会教育功能也有了明显提升。20世纪80年代以来，在改革开放的推动下，中国各级博物馆得到了长足的发展，同时，不少博物馆也与学校合作，设计出适合不同年龄阶段学生的教育课程。

第二节　博物馆社会教育的特点及形式

博物馆社会教育不仅涉及自然科学、人文科学和社会科学等多个领域，还注重与学校教育、社区教育等其他教育形式相结合，形成了一套多元化的教育体系。随着社会的快速发展和公众需求的不断变化，博物馆社会教育面临新的挑战和机遇。如何更好地适应现代社会的发展，满足公众日益增长的文化需求，创新博物馆社会教育形式和内容，成为当前亟须解决的问题。

一、博物馆社会教育的特点

1. 多样性

博物馆社会教育内容极其丰富多样，不仅包括历史、文化、艺术和科学等领域，还延伸至更加细化的学科和专业。无论是对古代文明的探究、现代艺术的鉴赏，还是对自然科学奥秘的揭示、社会现象的分析，人们都能在不同类型的博物馆找到相应的教育资源和活动。这种多样性确保了博物馆的社会教育能够满足不同年龄、不同背景、不同兴趣和不同需求的人群，让每个人都能找到适合自己的学习内容和学习方式。

2. 直观性

博物馆通过展示实物、标本、模型以及运用多媒体技术等，将抽象的历史和文化具体化，使观众可以直接观察和感受到历史的痕迹和文化的精华。这种方式不仅让观众更容易理解和记住所学的知识，还显著提升了观赏的趣味性。在参观过程中，观众仿佛穿越了时空，亲身感受到历史文化的发展历程，进而激发了他们的学习兴趣和探索欲望。

3. 综合性

博物馆社会教育具有综合性，不仅体现在自身资源方面，还体现在积极寻求与学校、科研机构、社区组织、文化团体等其他外部机构的合作，共同举办教育活动方面。通过跨学科、跨领域的合作，博物馆整合各方资源，策划出更全面、更深入且富有创新性的教育活动。这种综合性不仅丰富了博物馆社会教育的内容和形式，还提升了教育水平。

4. 公益性

博物馆社会教育并非追求经济利益，而是为了提高公众的文化素质、拓宽人们的视野，从而促进社会的和谐发展。博物馆通过免费开放、举办公益讲座、提供教育服务等方式，让更多的人有机会接触到优质的教育资源。这种公益性不仅体现了博物馆作为社会公共机构的责任和担当，也促进了社会文化的普及和传播。现如今，博物馆在构建学习型社会、推动社会文明进步等方面扮演着重要的角色。

二、博物馆社会教育的主要形式

1. 陈列展览

博物馆通过精心策划和组织，推出各种主题鲜明的展览，这些展览涉及历史、艺术、科学等多个领域。通过展示珍贵的文物、艺术品以及复原的历史场景，博物馆为观众提供了一个直观感受历史脉络、艺术魅力和科学奥秘的平台。观众在欣赏精美展品的同时，还能深入了解其背后的文化故事和历史背景，在轻松愉快的氛围中增长知识、拓宽视野。

2. 专题讲座

为了加深公众对特定主题的认识，博物馆会邀请知名专家学者举办专题讲座。这些讲座涉及展览内容、学术研究的最新进展或社会热点话题等。专家的深入分析和讲解，不仅传播了专业知识，还激发了公众的思考和讨论，促进了学术界与大众之间的密切互动。

3. 研学活动

博物馆与学校密切协作，共同策划并执行研学活动。这些活动通常融合博物馆的展览资源和学校的课程内容，通过实地考察、互动体验及项目研究等多种方式，让学生在实践中学习和感受历史、文化、科学等知识。研学活动不仅充实了学生的课外生活，还提升了其观察能力、思维能力和创新能力，让其在轻松愉悦的环境中增长知识，提高综合素质。

4. 互动体验

博物馆积极运用现代科技手段，例如虚拟现实（VR）、增强现实（AR）等，为观众带来全新的互动体验。借助这些技术，观众能够身临其境地感受历史文化的独特魅力，比如穿越时空与古人交流、亲自操作复原的古代器具等。这样的互动体验不仅可以增强观众的参与感和沉浸感，还可以使其在享受乐趣的同时学到知识。

第三节　博物馆社会教育的多维价值

博物馆社会教育承载着丰富的文化价值与社会意义，是连接过去与未来、知识与民众的桥梁。它不仅能够传承历史文化、弘扬民族精神，还能够启迪民众智慧、拓宽认知视野。博物馆通过举办多样化的展览、互动体验及教育活动，激发了公众对文化遗产的兴趣与尊重，促进了社会文化的交流与融合。在当今社会，博物馆社会教育在提升国民素质、增强文化自信以及推动社会和谐发展等方面均发挥着不可替代的作用。

一、提升公众文化素养

博物馆，作为文化传承与教育的重要阵地，通过丰富的历史文物、艺术作品及自然标本等展品，向大众广泛传播知识，使公众能够深入理解人类文明的发展脉络和自然奥秘。历史博物馆以古代文明的遗物为媒介，展现不同文化的独特魅力与贡献；科技博物馆则依托科技成果与实验设备，引领公众探索科学的奥秘；工艺美术博物馆以凝结着艺术家超凡匠心与艺术思想的工艺美术作品，提升公众审美情趣，引发情感共鸣……

博物馆社会教育不仅为公众搭建了一个广阔的学习平台，更使公众在游览与参与中，接触到多元的历史、文化、艺术和科技知识。这些知识的积累不仅拓宽了公众的视野，还提升了其文化修养与审美水平。通过博物馆的教育引导，公众能够更深刻地理解人类文明的发展历程，树立正确的世界观、人生观和价值观，从而提升个人的综合素养。

文化底蕴，涵盖文化积淀、人文情怀与审美情趣三大方面。博物馆内馆藏丰富，是古今中外人文领域基本知识与成果的积累之地。参观者，尤其是青少年，通过博物馆的展览，能够直观了解人文科学各领域的发展现状，丰富自身的知识体系。专题展览更是提升了受众的文化素养、审美情趣与人文情怀。审美情趣的提升，是文化素养中至关重要的一环，它使公众能够基于自己的审美观，对自然、社会生活中的现象及艺术作品做出直接、感性的审美评价。

此外，博物馆还通过讲座、导览图、工作坊及互动展览等多元化教育活动，为市民提供了多样化的学习途径。这些活动不仅增强了学习的趣味性与互动性，还满足了不同年龄与背景的公众需求，如：儿童博物馆专为小朋友设计互动展览，寓教于乐；成人教育课程则通过主题演讲与讲座，使参与者深入了解专业知识。这些教育活动在提升公众文化素养的同时，也培养了其批判性思维与创造力。

二、促进传统文化传承与创新

中华优秀传统文化是民族的精神财富，博物馆通过陈列与教育活动将其传递给后代。博物馆作为文化遗产的守护者，通过收藏、保护与展示文物与标本，为公众提供了近距离接触与了解本民族及世界其他文化历史的机会。这种直观体验不仅增强了公众对文化遗产的认同感与自豪感，还激发了其传承文化的责任感与使命感，提升了文化自信与传承意识。

同时，博物馆创新地将传统文化融入现代生活，使其更加贴近大众。通过与学校、社区、企业合作，将传统文化融入日常生活；利用数字技术与新媒体，开展虚拟展览、线上课程及互动应用，使传统文化更易传播。这些创新举措不仅传承了传统文化，还激发了公众的兴趣与热爱，推动了文化创新与发展。

三、增强社会凝聚力和认同感

作为文化传承的场所与社会记忆的载体，博物馆通过展示历史事件、英雄人物形象与社会变迁，帮助公众了解国家与民族的发展历程，增强公众对国家的认同感。

博物馆作为一个开放的公共空间，吸引着不同社会群体与背景的公众共同参与。通过举办教育活动与社区建设项目，博物馆为公众提供了相互了解与学习的平台。这种互动与交流不仅增进了友谊与信任，还提升了社会的凝聚力。在博物馆的熏陶下，公众更加包容与理解不同的文化与观念，更能形成共同的价值追求与社会理想。

博物馆还通过主题展览、纪念仪式与公益活动，促进社会各界的交流与互动。这些活动丰富了公众的文化生活，增强了社会凝聚力。节假日与重要纪念日的特别活动，更是形成了浓厚的社会文化氛围，促进了不同群体之间的理解与合作，增进了社会的和谐与团结。

四、助力青少年爱国主义教育

很多博物馆作为爱国主义教育基地，肩负着对青少年进行德育与素质教育的重任。在素质教育的理念下，立德树人是青少年教育的根本目标，而爱国主义教育则是德育的核心所在。

为了培养青少年的爱国品质，博物馆开展了丰富的社会教育活动，如社会主义核心价值观课程、红色革命文化展览等。通过展示本地近现代革命历史文化，让孩子们缅怀先烈，学习革命精神。相较于学校教育，博物馆社会教育为爱国主义教育提供了更具体的载体与媒介。藏品与展览是区域历史的缩影，青少年通过在博物馆中的所见所闻，能够有效提升民族自豪感与自信心，爱国主义教育水到渠成。

五、促进跨学科交流

博物馆的社会教育内容涉及多个领域与学科，为不同学科间的交流与合作提供了平台。通过举办主题展览与教育活动，博物馆展示了不同学科的知识与研究成果，促进了学科间的融合与创新。

此外，博物馆社会教育还服务于国家战略，通过红色革命文化教育、科普教育等活动，传播正能量与先进文化，为国家发展提供智力支持与精神动力。这些教育活动不仅培养了公众的爱国主义情感与民族精神，还提升了其科学素养与创新能力，为国家的繁荣富强贡献力量。

第四节　博物馆社会教育工作当前存在的问题

博物馆作为社会教育的重要阵地，其教育工作在传承文化、启迪智慧方面发挥着举足轻重的作用。然而，当前博物馆社会教育工作仍存在诸多亟待解决的问题。

一、教育内容与形式的局限性

当前，许多博物馆的社会教育内容和形式仍然较为单一，难以满足不同观众的需求。传统的社会教育活动往往过于依赖静态展示等导览手段，如文字说明与图片展览，这种单向的信息传递方式限制了观众的主动参与和深度体验。由于缺乏互动性和趣味性，观众的兴趣不高，教育效果大打折扣。同时，部分博物馆的社会教育活动形式僵化，讲座和导览活动占主导，缺乏创新性的互动体验和实践活动，难以激发观众的参与热情。内容与形式的局限性，不仅削弱了社会教育的广度和深度，还使得博物馆在吸引年轻观众及家庭游客方面力不从心，进而影响了社会教育的覆盖度和影响力。

二、专业教育人才的匮乏

博物馆社会教育工作的有效推进，离不开专业师资队伍的坚实支撑。然而，当前众多博物馆正面临专业人才严重短缺的困境。博物馆编制紧张，难以吸引并留住高素质的教育人才；同时，现有教育工作者接受专业培训和继续教育的机会稀缺，难以跟上社会与教育领域快速发展的步伐。这导致博物馆在教育活动的策划与实施上缺乏专业性，教育质量难以得到切实保障。此外，专业师资的缺乏还阻碍了博物馆与学校之间的深度合作，因而教育资源的共享与整合也受到限制。

三、公众互动机制的缺失

博物馆社会教育工作在与公众互动方面存在明显不足，难以构建稳固且持久的互动机制。当前，许多博物馆的教育活动呈现出单向性特征，缺乏与观众的深入互动。例如，部分博物馆在展览开幕后往往忽视收集、分析观众反馈，这不利于教育内容的及时调整与优化。同时，博物馆在社交媒体和互联网平台上的互动表现薄弱，未能充分利用这些渠道与受众建立深度联系，这不仅降低了观众的参与度和满意度，也制约着博物馆社会教育影响力的提升。

四、经费与资源的紧缺

经费与资源的紧缺是当前博物馆社会教育工作面临的又一严

峻挑战。由于资金有限，博物馆难以投入充足的经费用于教育项目的开发与实施。购置先进教育设备、开展互动式展示及多媒体资源开发、举办大型教育活动等，均离不开资金的大力支持，但活动经费的匮乏却导致这些计划难以落实。此外，博物馆在人力和技术支持方面的投入不足，也严重制约了社会教育质量的提升。

第五节 博物馆社会教育工作的创新路径

当前，社会环境快速变化，公众的文化需求也日渐多元化，博物馆作为文化传承与知识传播的重要平台，其社会教育功能的创新显得尤为重要。为了更有效地连接过去与未来，融合传统与现代，我们必须积极探索和实践新的教育方法与传播手段，以期为博物馆的持续发展注入新的活力，更好地满足公众的文化需求与学习成长的需要。

一、利用现代科技丰富教育手段

1. 引入虚拟现实（VR）与增强现实（AR）技术

虚拟现实技术使观众能够身临其境地体验历史场景，如古代皇宫或战场，通过虚拟现实设备感受沉浸式的历史教育。这种技术不仅增强了学习者的记忆与理解，还激发了他们的学习兴趣。此外，虚拟现实技术还能应用于远程教育，使无法亲临博物馆的观众也能享受优质教育资源。增强现实技术将虚拟信息与真实场景结合，观众通过智能手机或平板电脑扫描二维码，即可触发动画、视频、音频等增强现实内容，深入了解展品的历史背景、制作工艺和文化内涵等。博物馆还可以利用增强现实技术开发互动游戏和挑战任务，提高观众的参与度和学习兴趣。

儿童体验虚拟现实技术

2. 开发多媒体互动展览和在线教育资源

多媒体互动展览结合视频、音频、图像和互动装置，为观众提供全方位的学习体验。博物馆可以设立触摸屏互动墙、互动投影和多媒体展示柜等，让观众通过触摸屏幕、手势识别等方式与展品互动，获取更多信息。同时，博物馆还可以开发在线教育平台，提供虚拟展览、在线课程、互动游戏和学习资料等资源，让观众在家中就能进行自主学习。

二、加强与学校和社区的合作

1. 深化与学校的教育合作

博物馆应与学校建立长期稳定的合作关系，将教育资源整合进学校教育计划中。例如，合作开发校本课程，将博物馆教育资源纳入学校课程计划，设计专题教育单元。博物馆还可以为学校提供师资培训，提高教师的教学质量，定期邀请学生参观展览，举办专题讲座、研讨会及互动体验活动，丰富学生的课余生活，激发学生的学习兴趣和创造力。

2. 构建社区教育网络

博物馆应与社区合作，将教育资源延伸至社区，服务更多人群。例如，与社区服务中心、居委会等组织合作开展主题展览、讲座、工作坊和互动体验等活动；在社区内设置流动展车或临时展位，方便居民参观学习；与社区共同开展志愿者计划，让社区居民成为志愿者，参与展览介绍、活动策划和社会服务，传播博物馆的文化与教育资源。此外，博物馆还可以与社区合作开展家庭教育项目，为家庭提供亲子活动和家庭教育指导。

德州市博物馆开展"流动博物馆进社区"活动

三、打造专业的社会教育人才队伍

1. 建立系统的教育培训体系

博物馆应与高校或专业团体合作，开设社会教育专业课程，培养具有多学科背景和具备社会教育能力的专业人才。课程涵盖教育学、心理学、博物馆学、历史学、艺术学等多个学科，让学生全面了解社会教育理论与实践。同时，建立实习基地，让学生在实习过程中积累经验、提高业务水平。博物馆还应定期对在职人员进行继续教育与培训，提高其业务水平。

2. 建立激励机制和职业发展路径

博物馆应建立合理的薪酬制度和绩效奖励制度，吸引和留住优秀人才。同时，为从业人员提供清晰的职业生涯规划，设立多层次的晋升机制，提供职业发展空间。此外，博物馆还应设立专门的教育研究和发展部门，鼓励教育人员进行学术研究和创新实践，为他们提供发表论文、参加学术会议和申请科研项目的机会。

四、建立多元化的资金筹集机制

1. 拓展政府和社会资助渠道

博物馆应积极争取政府的资金支持，申请国家和地方政府的文化教育专项资金，用于社会教育项目的开发和实施。同时，寻求社会资助，与企业和社会组织合作，通过合作项目、捐赠和赞助等方式争取支持。例如，积极与企业合作开发教育项目，设立专项基金并接受捐赠等。

2. 发挥市场机制和创新融资模式

博物馆可以开发销售社会教育周边产品，如教育类书籍、纪念品、文创产品等，增加收入。同时，探索创新融资方式，如众筹、合作投资、公私合作等，拓宽融资渠道。例如，利用众筹平台为社会教育项目进行众筹，面向公众筹款。

第二章

博物馆社会教育类型

　　博物馆作为社会教育的重要机构，肩负着传播科学文化知识、提高公众素养及传承历史文化的责任。本章旨在探讨博物馆社会教育的类型，并分析其内容、意义及发展路径，通过研究公益讲座、传统节日活动、研学游、红色革命文化教育、科普教育以及馆校合作等多种活动类型，力求为博物馆社会教育的发展提供理论依据和实践指南。

第一节　公益讲座类活动

博物馆公益讲座是博物馆为了推动文化传承和知识普及而举办的一类重要活动，具有进行文化知识科普、提升公众文化素养的重要功能。博物馆作为公共文化场馆，拥有丰富的文化资源和专业知识，是知识普及和文化传承的重要载体。博物馆公益讲座一般面向公众免费开放，具有科普性和互动性两大特点。科普性主要体现在讲座内容通常围绕博物馆的藏品或相关领域展开，旨在增进公众对相关文物知识和历史的了解。而互动性则指在讲座过程中，观众可以与专家进行互动，通过提出问题、发表观点，与专家进行深入交流和探讨。

公益讲座通常由博物馆精心策划，邀请各领域专家学者围绕与藏品相关的主题进行深入浅出的讲解与探讨。讲座内容丰富多彩，涵盖历史、文化、艺术及科学等多个方面，通过专家的权威解读与细致讲解，参与者能在轻松愉快的氛围中吸收知识，提升自身学识与文化素养。

当然，公益讲座的意义不只如此，它更像一座桥梁，将专业的藏品知识与公众连接起来，使深奥的专业知识得以普及，促进文化领域的思想交流与碰撞。在讲座中，参与者不仅能了解最前沿的学术动态，还能感受多种思考问题的方式，培养批判性思维和创新能力。此外，讲座活动也是博物馆展示其社会责任与担当的重要方式，有助于提升博物馆的社会影响力，树立良好的社会形象，推动社会进步与文化繁荣。因此，博物馆应通过加强合作、利用科技、内容创新和宣传推广等具体方法，不断推动馆内公益讲座的发展与创新，为公众提供更加优质、高效、便捷的知识服务。

一、公益讲座的主题分类

博物馆公益讲座作为场馆内一种重要的社会教育形式，可选取多种主题开展活动，如历史文化主题、美学鉴赏主题等，不同类型的博物馆可根据自身特色和公众需要，选取主题开展活动。

1. 历史文化主题

历史文化主题公益讲座是博物馆讲座中最常见的类型。博物馆拥有丰富的历史文化资源，这类讲座通常由博物馆的专家或本地域历史文化领域的学者进行讲授。通过举办这类讲座，可以让公众更加深入地了解本地域历史文化的传承和发展，增强其文化认同感。同时，这类讲座还可以激发公众对文化遗产的保护意识，促进文化遗产的传承和发展，这对于推动文化事业的发展和创新，以及增强民族自豪感和文化自信心具有重要意义。

2. 美学鉴赏主题

美学鉴赏主题的公益讲座也是博物馆的一大亮点。美学鉴赏主题的公益讲座一般会邀请一些比较知名的艺术家或者美术家，来博物馆开展艺术鉴赏讲座，此类公益活动一般具有较高的艺术价值和审美价值。这类公益讲座，可以提高公众的美学欣赏水平和艺术鉴赏能力。受邀参加此类讲座的艺术家们还会现场讲解、介绍自己创作的艺术作品，内容涵盖艺术作品的创作背景、艺术风格、技巧特点等方面。通过讲座，广大参观者也可以了解艺术作品所蕴含的情感和思想，从而学会欣赏和理解艺术作品。此外，这类讲座还可以激发公众对艺术的兴趣和热情，促进艺术的普及和发展。总而言之，美学鉴赏主题的公益讲座能够吸引更多的人关注艺术事业，推动文化事业的发展和创新，为观众提供美的享受和精神愉悦感，提升人们的生活质量和文化素养。

3. 自然科普主题

自然科普主题的公益讲座通常以向公众普及自然科学知识为举办目的，内容涵盖天文、文物、考古、地质等方面的知识。这类讲座可以激发公众对科学的兴趣和好奇心，促进科学的普及和发展，增强社会对自然科学的重视和认识，提高公众的科学素养和环保意识，还能够促进学术交流和合作，推动科学研究的发展。

德州市博物馆自然科普讲座现场

4. 教育主题

教育主题公益讲座的内容包括亲子教育、心理学教育、学习方法、读书方法等，适合学生与家长共同参与，不仅有助于增进家庭亲子关系，还能促进学生身心的健康成长。

二、公益讲座的推广方式

1. 深化与其他文化机构及学校的合作

随着博物馆公益讲座的不断发展，其内容逐渐丰富，形式也越来越多样化。如今，博物馆讲座内容不再局限于历史知识的介绍，而是涵盖了更广泛的主题，如艺术鉴赏、传统文化、自然科学等。同时，讲座形式也更加生动有趣，吸引了更多公众的参与。目前，博物馆公益讲座逐渐成为公众获取知识、交流思想的重要平台，全国各地的许多博物馆都定期举办各种类型的公益讲座。这些讲座不仅吸引了不同年龄段、职业背景的公众参与，还成为博物馆社会教育活动的一张闪亮名片。

为了提高讲座内容质量，部分博物馆还积极寻求与其他文化单位、机构的深度合作，如高校、研究机构及图书馆等。通过与高校合作，邀请知名教授、学者到馆举办讲座，同时为高校学生提供实习和志愿服务的机会，形成互惠互利的合作模式；与研究机构联合举办专题研讨会，深入探讨某一领域的前沿问题，以提升讲座的学术水平；与图书馆共享资源，共同举办读书会、讲座等活动，丰富公众的文化生活。

为了进一步丰富公众文化生活，德州市博物馆作为山东省社科普及教育基地，充分发挥自身优势，开设形式多样的历史文物社科普及课堂，举办各类公益讲座，宣传传统文化，弘扬民族精神。

（1）与学校积极合作。为使青少年获取丰富的历史文化知识，增强文化认同感，德州市博物馆与学校联合举办了专门面向学生的专题讲座。通过"博物馆公益讲座进校园"系列活动，学生在校园内就能接触到丰富多彩的文化遗产，激发他们对历史、艺术的兴趣，培养终身学习的习惯。

（2）与相关单位、机构合作。为了丰富市民的精神文化生活，德州市博物馆协同德州市广播电视台、德州学院美术学院，于 2019 年 12 月创办了"德博大讲堂"公益讲座。三家主办单位为该讲座建立了专家资源库，计划吸引社会各个行业的精英人士前来授课，为德州市民分享传统文化知识，打造德州精神文明新高地。市民可以在德州市博物馆的微信公众号上提前预约报名，并亲临现场了解藏品及其背后的故事。2021 年 12 月，德州市博物馆申报的社教案例"创办公益讲座 探索新型课堂"，成功入选 2021 年山东省社科普及工作优秀案例。

"德博大讲堂"公益讲座活动现场

2. 运用科技增加展示平台

随着信息技术的迅猛发展，未来博物馆公益讲座教育活动将呈现多样化的趋势，不再局限于实体场馆的宣传模式，而是通过线上讲座、数字化展览等多元化的形式进行知识传播。这种变化使公益讲座教育活动变得更加便捷，能够覆盖更广泛的受众群体，满足观众多样化的学习需求。在数字化时代，博物馆应充分利用虚拟现实、增强现实等现代科技手段，为讲座活动注入新的活力。具体措施包括：

（1）运用虚拟现实技术，使观众能够身临其境地体验历史场景、艺术作品等，从而增强讲座的沉浸感和互动性。

（2）利用增强现实技术，在讲座过程中增加互动环节，例如观众可以通过手机扫描二维码获取更多藏品信息、参与现场互动问答等。

（3）开展线上直播和录播，使无法到场的公众也能观看讲座，扩大讲座的受众范围。

3. 促进内容创新

面对日益多元化的公众需求，博物馆应不断创新并扩充讲座内容，注重主题多样性和针对性。具体措施包括：

（1）围绕热点话题、社会关注点以及公众的兴趣点选取讲座主题，确保讲座内容紧跟时代步伐、贴近现实生活。

（2）邀请不同学术领域的专家进行跨界交流，例如历史学家与艺术家、科学家与文学家等，为公众提供全新的知识视角。

（3）组织系列讲座或专题讲座，构建系统化的知识体系，便于公众深入学习和理解。

4. 加大宣传推广力度

为了吸引更多公众参与公益讲座，博物馆应加强活动的宣传力度。具体方法包括：

（1）利用社交媒体、官方网站和实体海报等多种形式进行广泛宣传，提高讲座的知名度和影响力。

（2）与媒体合作，邀请记者对讲座活动进行报道，引发社会对活动的关注，提升社会影响力。

（3）通过预约报名、在线直播等方式，提高公众参与讲座的便捷性，让公众可以随时随地享受知识的滋养。

第二节　传统节日主题社会教育活动

中华民族传统节日是中华民族的宝贵精神财富，也是民族文化的重要组成部分，它们不仅是历史的见证，更是民族精神的传承。

然而，随着社会的发展和现代化进程，传统节日活动逐渐趋于商业化和现代化。为了传承和弘扬中华优秀传统文化，丰富公众对传统节日的了解和体验，越来越多的博物馆开始组织以传统节日为主题的社会教育活动，让参与者通过此类活动深入了解传统节日的起源、意义和庆祝方式，增强他们的民族自豪感和文化认同感，促进其身心健康发展。

德州市博物馆重阳节活动

以传统节日为主题的社会教育活动，作为博物馆连接历史与当代、传承与创新的纽带，通过精心设计的展览、通俗易懂的讲座和亲身参与的体验活动等多种形式，向公众普及传统节日的历史渊源、文化内涵及其传统习俗。此类活动不仅展示了中华优秀传统文化的独特魅力，还通过寓教于乐的方式，激发公众对传统文化的兴趣与热爱，使传统节日成为凝聚人心、传承文明的重要载体。

博物馆举办传统节日主题社会教育活动的意义深远。一方面，它为公众提供了丰富的精神文化资源，满足了人们在快节奏的现代生活中对传统文化体验的需求，促进了博物馆与公众之间的深度互动和情感交流，增强了博物馆的社会亲和力和教育功能；另一方面，举办此类活动不仅能让更多人了解、参与并传承中华优秀传统文化，还能为构建和谐社会、增强文化自信贡献力量，是博物馆积极履行社会责任、服务公众的具体体现。

因此，博物馆应深入挖掘传统节日的文化内涵，创新活动内容与形式，加强跨界合作，注重公众体验，并通过多渠道宣传推广，提升此类活动的吸引力和影响力，使传统节日主题社会教育活动成为连接过去与未来、传承与创新的重要桥梁。

一、传统节日主题社会教育活动提升路径

在传统节日期间，博物馆可以举办一系列与节日相关的展览和活动，吸引公众前来参与和学习。这种类型的活动，既能让公

众在博物馆中感受到节日的氛围，又能学习到相关的民俗文化知识。博物馆可以通过互动体验、情景模拟等方式，将传统节日的文化内涵和习俗以生动有趣的形式展现给公众，使参与者充分感受节日氛围。

1. 深入挖掘

为了提升传统节日主题活动的深度与广度，博物馆应加强对传统节日文化内涵的深入探究与系统整理，注重历史与现实的融合，创新活动内容和表现形式，使传统节日活动既保留传统韵味，又符合现代审美，从而吸引各年龄段群体的关注和参与。

在传统节日社会教育活动类型多样化方面，博物馆应当充分利用自身资源。比如，博物馆可以策划一些关于传统节日和节气的展览，展示传统节日的起源、历史演变和地域特色等。同时，在展览过程中可以通过实物、图片、视频等多种形式，让观众直观地感受传统节日的氛围。另外，博物馆还可以深度挖掘并组织多种形式的宣传活动，如讲座、工作坊、互动体验等，让观众在互动中了解传统节日，增强对传统文化的兴趣。

2. 跨界合作

博物馆应积极寻求与学校、社区等机构的合作，共同策划和组织传统节日主题社会教育活动。通过与学校合作，将传统节日的知识融入课程体系，从小培养学生的文化自信和爱国情感；与社区合作，丰富市民文化生活，增强社区凝聚力。

在跨界合作的过程中，还可以将传统文化节日元素融入当地的旅游活动，让游客在游玩中感受到浓厚的节日氛围，加深他们对传统文化的了解和认同。

3. 注重体验

提升传统节日主题社会教育活动吸引力的关键在于增强其互动性和体验性。博物馆应设计多元化的活动环节，让公众能够在活动的过程中亲身参与和动手实践，充分感受传统节日的魅力，加深对传统文化的理解和认同，使此类活动的社会教育功能得到充分发挥。

德州市博物馆迎新年活动

4. 宣传推广

为了增强传统节日主题社会教育活动的影响力和覆盖面，博物馆应利用线上线下多种渠道进行宣传推广。一方面，可通过社交媒体、官方网站、新闻媒体等平台发布活动信息，吸引更多公众关注；另一方面，可以制作宣传册、海报等实体物料，在公共场所分发，提升活动的知名度和参与度。此外，还可考虑与旅游机构合作，把传统节日主题社会教育活动融入旅游线路中，吸引更多外地游客参与其中，丰富旅游体验，进一步宣传中华优秀传统文化。

二、传统节日主题社会教育活动形式

1. 传统节日主题的科普讲座

博物馆以传统节日为主题开展相关知识的科普讲座，通过介绍节日的历史渊源、文化内涵、传统习俗，使公众更加深入地了解节日的由来和内涵，加深对传统文化的认识和理解，从而更好地传承和弘扬中华优秀传统文化。

2. 传统节日主题竞赛

博物馆可以在传统节日期间举办节日文化主题演讲比赛或知识竞赛，并设置各类奖项鼓励公众积极参与。此类活动不仅能够加深参与者对传统节日的了解，更有助于激发其对传统文化的兴趣和热爱。

3. 传统节日民俗体验活动

博物馆可以通过开展传统节日民俗体验活动，让公众在动手操作和互动学习的过程中，感受传统节日的乐趣和内涵。博物馆可以组织公众在传统节日期间制作节日时令食物，如元宵、粽子、月饼，或是制作与节日相关的传统手工艺品，如春联、花灯、香囊、兔儿爷……这些丰富有趣的活动，既能让参与者了解传统节日的民俗内涵，又能掌握和传承中华民族丰富多样的非物质文化遗产（以下简称"非遗"），在参与活动的过程中，直观地感受传统节日的氛围，从而更加珍视中华民族的传统文化。

2024年4月，在清明节来临之际，为了传承中华优秀传统文化，倡导和践行"中国人过中国节"的理念，德州市博物馆邀请了50组家庭走进德博，折枝戴柳，挽弓搭箭，体验"清明射柳"这一古老习俗。最美人间四月天，气清景明，春光明媚，在清明节这一特殊节日前夕，共有一百多位参与者在博物馆体验了一场传统又有趣的清明节活动，在感受清明民俗的同时，尽享亲子活动的乐趣。

清明射柳活动现场

4.传统节日文化活动展示和民俗表演

博物馆可以在传统节日期间组织传统文化活动展示和民俗表演,也可以邀请公众或民间社团参与其中,展示他们对传统节日文化的理解。参与者可通过舞蹈、皮影戏、戏曲等形式,充分展示中华民族传统节日的独特魅力。

2020年中秋节前后,德州市博物馆为少年儿童准备了精彩的文化活动,不仅邀请了专业的老师带领孩子们了解中秋节的由来、习俗,学习有关中秋节的诗句和中国传统艺术皮影戏,还组织孩子们观看了传统皮影戏剧目《后羿射日》和《嫦娥奔月》。现场的孩子们都被皮影戏精彩的故事情节和奇幻的艺术表现形式吸引了。最后,在老师们的带领下,孩子们还动手制作了多种样式、口味的月饼。该活动让孩子们对传统节日有了更深刻的认识,学习并感受到了民俗艺术的魅力。

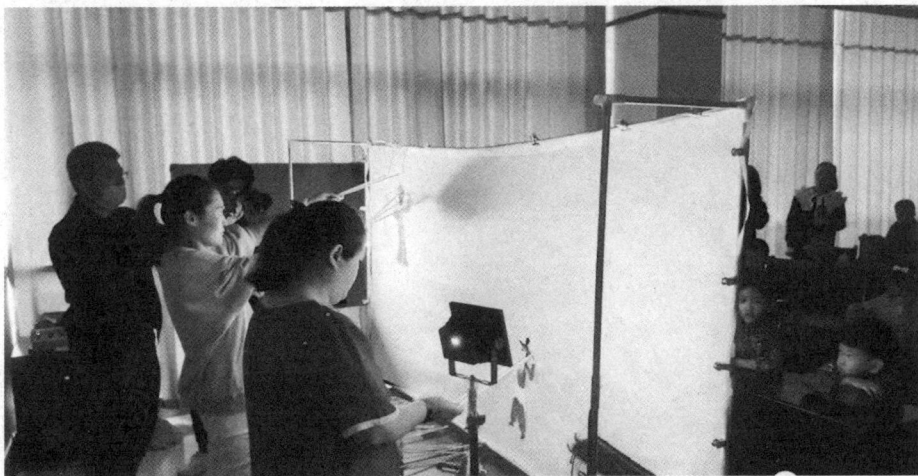

中秋节文化活动现场

　　各种形式的博物馆传统节日主题社会教育活动，能让公众更深入地了解和体验中华民族传统节日文化，培养他们对传统文化的热爱和认同，进一步提升其文化自信和民族自豪感。传统节日中蕴含的孝道、忠诚、友谊、爱情等价值观念，以及民族特色习俗和礼仪，在多种多样的博物馆社会教育活动中获得传承，见证着博物馆这一文化事业单位为传统文化发展所做的贡献。

第三节　博物馆研学类活动

博物馆研学是由教育部门等相关部委、学校、博物馆或社会机构有计划地组织安排，中小学生通过集体参与的方式，在博物馆场景中开展的，将研究性学习与旅行体验相结合的校外教育活动。该活动依托博物馆丰富的资源，如展览、教育活动、藏品、人员、数字技术等，紧密结合学校的教学内容，为学生提供了极具直观性、互动性、多样性、自主性的学习方式，旨在通过亲身体验和深入探索，有效拓宽学生的知识视野，提升其文化素养和实践能力，为其全面发展奠定坚实基础。

近年来，研学游在各类文化旅游项目中热度不断攀升，越来越多的学校、家长以及旅行社开始关注研学旅行类活动。大部分研学游是由学校或教育机构根据区域特色、学生年龄特点和教学需要，组织学生通过集体旅行、集中食宿的方式走出教室，在不同环境中拓宽视野、丰富知识，加深与自然和文化的亲近感，增加对集体生活方式和社会公共道德的体验的一种活动形式。研学旅行继承和发展了中国古代"读万卷书，行万里路"的教育理念和人文精神，现已成为素质教育的新内容和新方式。

博物馆作为历史文化资源高度集中的机构，社会教育是其主要的职能之一。因此，博物馆可以以其丰富的馆藏文物资源和专业的人才资源为依托，为中小学生提供专业的传统文化知识学习环境，实现教育、旅游、文博的共融共生。

德州市博物馆研学活动

一、博物馆研学活动发展背景

博物馆研学活动具有教育属性和文化属性两种特征。其教育属性体现在，博物馆研学作为一种教育活动，学生在博物馆等文化场所实地参观的过程中，能够更直观地了解历史、艺术、科学等方面的知识，从而拓宽视野，增长见识；在文化属性方面，博物馆研学强调对文化遗产的尊重和保护，通过引导学生深入了解文化遗产的历史、艺术和科学价值，培养他们的文化认同感和文化自信。与传统的课堂教学相比，博物馆研学更强调学生的主观感受和自主实践。通过实地参观和亲身体验，学生能够更深入地了解文化遗产的历史背景和文化内涵，从而增强对知识的理解和记忆。

德州市博物馆举办黑陶文化研学活动

2016 年 11 月，教育部联合国家发改委等 11 个部门印发了《关于推进中小学生研学旅行的意见》，将研学旅行纳入中小学教育教学计划。2017 年 1 月，中共中央办公厅、国务院办公厅印发的《关于实施中华优秀传统文化传承发展工程的意见》强调，要把优秀传统文化融入生产生活，大力发展文化旅游，充分利用历史文化资源优势，规划设计推出一批专题研学旅游线路，引导游客在文化旅游中感知中华文化。同时，随着《我在故宫修文物》《如果国宝会说话》《国家宝藏》等众多文博类节目的热播，极大提高了人们走进博物馆学习的热情，掀起了博物馆研学热潮。在文旅融合的当下，博物馆研学游作为一种新型的参观方式，在带动

文化旅游经济、促进文化旅游事业、提升博物馆影响力等方面都
具有重要意义。

二、博物馆研学活动存在的问题

1. 组织形式不规范

当前，很多学校和家长意识到了研学游对孩子素质教育的重
要意义，于是开始自发地组织学生到博物馆参观学习，但由于活
动的组织者并非专业的旅游行业从业者，对研学游这一旅游活动
形式的整体把控能力不足，可能会导致学生研学效果不佳，还会
对博物馆的参观秩序造成影响。

2. 缺乏完善的安全保障

目前，大多数博物馆研学游活动的参与者是中小学生，这类群
众在博物馆这个公共场所里学习体验时，需着重关注其安全问题。

中小学生作为身心发育尚未成熟的群体，其自我保护能力较
弱。在博物馆开展研学游活动时，面对复杂的人员流动、陌生的
场馆环境，很可能发生拥挤踩踏、迷路走失、磕碰摔伤等意外。
安全问题牵一发而动全身，涉及学校、博物馆等其他组织者和多
方责任主体，因而研学游的组织者有责任制订完善的安全预案，
配备足够的带队教师及工作人员，确保学生在行程中的安全。博
物馆需保障场馆设施安全、合理规划参观路线、提供必要的安全
引导标识；其他责任主体也应明确自身责任，做好安全预案，以
确保博物馆研学游的安全顺利进行。只有参与活动的各方明确责

任边界,完善安全管理体系,形成全方位、多层次的安全保障网络,才能推动研学游活动安全、有序开展,切实维护学生的合法权益,实现研学游的教育价值。

3. 缺乏专业的讲解人员

开展博物馆研学游的目的不只是让学生了解一定的历史文化知识,更是要激发学生产生自主求知、探索的欲望。因此,博物馆社会教育的工作方式也要进行相应调整,如从直接讲授式讲解变为指引启发式讲解,这对博物馆研学活动讲解人员的知识体系和讲解水平提出了更高的要求。基于此,德州市博物馆正在积极组建研学游讲解队伍,结合馆内资源,为参与博物馆研学活动的学生提供适合他们的讲解服务。

三、研学游活动发展思路初探

1. 因地制宜开设特色文博课程

博物馆应结合当地文化实际,与教育部门积极合作,基于当地文化资源共同设计研发具有传统地域文化特色的文博研学课程,并将其纳入中小学教育教学计划,使博物馆真正成为学生们的校外课堂。

2020 年,部分博物馆受全国新型冠状病毒感染疫情影响暂时闭馆,以避免人员聚集导致病毒传播,德州市博物馆在此期间"闭馆不打烊",以多种多样的线上服务活动满足市民的精神文化需求。德州市博物馆与德州市第一中学合作开展了"知史明德,呵护家园"线上主题教育活动，让广大中学生足不出户也能了解德州市历史文化知识，感受德州地域文化的魅力，增强其尊重历史、传承文明的使命感和爱国爱家、奋发有为的责任感。

此次德州市博物馆与学校合作开展的线上研学活动的亮点在于，真正把具有地域文化特色的文博课程引入中学生的线上教学计划中，丰富了学生的居家学习体验。该活动受到了社会各界的广泛关注以及省市媒体的争相报道，赢得了家长和学生的一致好评，单节课同时在线收看人数超千人，点赞次数超千万。这是博物馆与学校合作的一次成功案例，也是博物馆研学游与常规教育教学计划的一次完美结合。

2. 建立完善的安全保障体系

博物馆虽有教育传播职能，但目前没有教育管理职能，建议相关教育部门联合博物馆为此类活动建立相应的研学游安全管理制度，制订周密的安全应急预案，提高有关责任方处理突发事件的能力。博物馆可与消防、卫生、交通管理等部门建立联动机制，配备专业的安全员、卫生员，保障学生的研学安全。

3. 立规提质，严格准入

博物馆应与有关部门联合制定相关行业规范，切实保障博物馆研学游的活动质量。首先，应提高行业准入门槛，设立严格标准，对欲涉足博物馆研学游领域的机构，从硬件设施、组织力量到安全保障体系等方面进行全面审核。其次，要建立专业讲解人员人才库。博物馆可在优化馆内讲解队伍的基础上，吸纳一批熟悉历史文化知识、擅长与学生沟通的讲解人才或志愿者，为学生提供深入浅出、生动有趣的文博知识讲解。此外，要加大监管力度，打击缺少资质的机构打着博物馆旗号违规开展研学活动的行为，确保学生真正置身于规范、优质的研学环境中，使其在博物馆研学游中"游有所学，学有所获"，实现研学游的教育初衷。

4. 丰富博物馆研学游内容

除馆内常规参观线路外，博物馆还可以尝试开设博物馆非遗类研究课程，丰富研学活动内容。博物馆可以以本馆内藏品为基础，开展非遗作品欣赏、非遗技艺学习等课程，让学生充分了解非遗项目的历史渊源、传承技艺、文化背景，并掌握一定的非遗制作技巧。

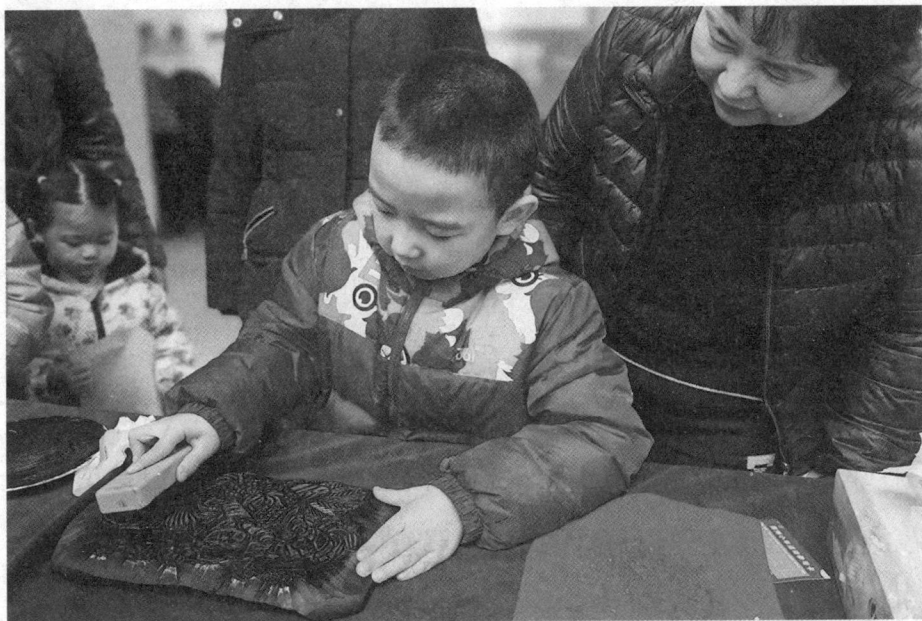

小学生在德州市博物馆体验非遗项目"木刻版画"

通过参与这些课程，学生们可以亲身感受和体验非遗技艺，加深对传统文化的认识，增强文化自信和民族自豪感。同时，这类课程也有助于推动非遗项目的传承和保护工作，培养更多的非遗传承人和爱好者，为非遗的传承和发展注入新的活力。

除了馆内的研学课程外，博物馆还可以结合不同的研学主题设立多个馆外研学点，通过室内与室外、藏品与遗迹相结合的方式，丰富研学游内容。

博物馆研学活动的良性发展需要博物馆、社会力量和学校以及相关部门的联合推进，共同实现研学游的教育性、实践性、安全性、公益性目标。作为博物馆，要主动与学校、社会机构合作，开发面向不同群体、不同年龄的学生的有针对性的研学游路线，增加馆际合作和室内、室外场地合作，充分利用社会力量推动博物馆研学活动的发展。

四、博物馆研学活动案例分析

1. 案例背景

为使德州市的广大中小学生深入了解历史文化和艺术，增强学生的文化素养和历史意识，培养学生的观察力、想象力和创造力，2024 年 3 月，德州市博物馆推出了"博物启智 学史力行"系列研学活动，引导学生走出校园，培养学生自主学习意识和实践能力。活动主要以展厅参观及社教课程为主，内容涵盖历史、文化、馆藏文物等多个领域。该活动由德州市博物馆社会教育工作人员及部分志愿者带队，通过展厅讲解、社教课程等方式，让学生们深入了解家乡文化，提升综合素质。该活动致力于通过互动学习、参观文物、趣味游戏、互动问答等方式，让孩子们亲身感受德州地域文化和历史传承。

2. 案例介绍

每家博物馆的馆藏资源都是独一无二的。德州市博物馆目前拥有三个基本陈列厅，分别是"历史足迹""文明遗珠""城市记忆"，馆内以时间为脉络，展示了德州几千年来的城市历史发展脉络及精品馆藏文物。德州市博物馆依托现有展览基础，深入挖掘不同展厅在年代、领域、主题等方面的特色，在提升体验感、沉浸感和吸引力上下功夫，让学生在参观的过程中充分感受当地的历史文化传承，增加研学活动的广度和深度。"博物启智 学史力行"系列活动共包含"学社会主义发展史 争做新时代好少年""博物馆里的成语故事""德博铜镜之美鉴赏""古诗词里的文物知识""金韵含香""心系苍生话晏婴""由平原郡到德州——谈地名里的文化""千古一帝秦始皇""古人吃饭那些事""文昭武烈颜真卿""我们身边的红色文化资源"等研学主题，这些丰富多彩的主题研学，扩大了学生的知识面，激发了同学们的爱国热情，帮助他们树立起文物保护从小抓起、人人有责的观念，实现博物馆资源与教育的有效链接。

3.社会影响

2024 年全年，德州市博物馆开展"博物启智 学史力行"系列研学活动共 15 期，该研学活动深受德州市中小学校的支持和喜爱，先后共有 2000 余人报名参加。通过参加"博物启智 学史力行"系列研学活动，学生们了解中国的历史和文化，增强爱国意识和爱国主义情怀。在该活动的推动下，博物馆的志愿服务水平也进一步提升。目前，该活动已被列入德州市博物馆的"文博课堂"品牌项目，并多次被省市级新闻媒体报道。

博物馆研学游不仅是一次校外参观学习，更是一场激发青少年学习兴趣和探索精神的旅程。青少年可以在轻松愉快的氛围中感受知识的魅力，增强对学习的热情和动力。同时，研学旅行也促进了博物馆与学校之间的紧密合作与深入交流，为双方共同培养具有创新精神和实践能力的优秀人才提供了强有力的支持。此外，研学旅行也是博物馆履行社会责任、服务青少年成长的主要途径。通过此类活动，博物馆能够更好地发挥其在文化传承、教育普及等方面的作用，助力青少年健康成长。

第四节　红色革命文化教育类活动

　　红色革命文化教育类活动是博物馆以红色革命历史文化为主题，通过丰富多样的展览、通俗易懂的讲座以及沉浸式的体验活动等多种形式，向广大公众普及红色革命文化的一种社会教育活动类型。这类活动不仅展示了革命先烈的英勇事迹和崇高精神，还通过生动鲜活的教育方式，激发公众对红色革命文化的兴趣与热爱，从而增强其历史记忆和文化认同感，使红色革命精神在新时代焕发新的光彩。

德州市博物馆"红色文化进社区"社会教育活动

博物馆举办红色革命文化教育活动不仅能增强公众的爱国情怀和民族自豪感，让人们在回顾历史的过程中更加珍视来之不易的和平与幸福生活，还能促进博物馆与公众之间的深度互动和情感交流，提升博物馆的社会亲和力和教育功能。同时，博物馆通过搭建平台，让更多人了解、传承并弘扬红色革命文化，为建设社会主义文化强国贡献力量，也是其积极履行社会责任、服务国家大局的具体体现。

一、博物馆红色革命文化教育的内涵

博物馆红色革命文化教育是以博物馆为载体，以红色革命文化和历史为核心内容，通过各种展示、教育和传播手段，向公众传递革命精神和革命价值观的教育活动，其内涵主要包括以下几个方面。

1. 回顾革命历史

博物馆通过丰富的文物、文献、图片、影像等资料，将地域内的重大革命历史事件进行系统梳理和展示，让受众在接受红色革命文化教育的过程中，了解中国共产党带领人民为实现中华民族伟大复兴而不懈奋斗的历程，使公众能够全面、系统地认识中国革命的历史进程。

红色革命历史将中国的过去、现在和未来紧密联系起来，了解红色革命历史有助于清晰地把握历史发展脉络，理解中国特色社会主义道路形成的历史必然性，促进公众在思想上、情感上产生共鸣，从而凝聚起团结奋斗的强大力量，为实现中华民族伟大复兴的中国梦而共同努力。

2. 展示革命文物

博物馆中的红色教育文物作为最鲜活的历史教材，记载着革命的伟大历程和感人事迹，见证了社会最深刻、最伟大的变革，凝结着百年奋斗的红色基因，是先辈们追求真理、不懈奋斗的生动写照，更是中华民族最宝贵的精神财富。每一张老照片、每一件红色文物的背后，都有一个个感人至深的故事，无不在讲述着革命先辈和先烈们为了新中国的成立做出的杰出贡献，彰显革命先辈和先烈们坚定的革命信念和艰苦奋斗的精神。这些文物和遗址遗迹，见证了中国共产党领导人民进行革命斗争的光辉历程，是弘扬民族精神、激发公众爱国主义情怀的鲜活素材。

3. 传承革命精神

博物馆在开展红色革命文化教育活动时，可以将革命精神与当代社会价值观相结合，强调其在现代社会中的重要意义和价值，引导公众树立正确的理想信念，坚定对马克思主义的信仰、对中国特色社会主义的信念、对实现中华民族伟大复兴的中国梦的信心。通过展示革命先烈为国家独立、民族解放而英勇奋斗的事迹，激发公众的爱国情感，培养他们的爱国主义情怀，让受众深刻认识到幸福生活的来之不易，增强对国家的认同感和归属感。博物馆红色革命文化教育有助于弘扬革命先辈们为集体利益、为人民幸福无私奉献的精神，引导受众树立正确的价值观和人生观，充分感受集体主义和奉献精神的伟大力量，并在生活中倡导和践行这些精神。

二、博物馆红色革命文化教育发展现状

党的十八大以来，在以习近平同志为核心的党中央坚强领导下，在各地区、各部门和社会各界的共同推动下，全国革命文物工作取得了很大进展。革命文物家底基本摸清，革命场馆体系基本形成，普查登记的不可移动革命文物 3.6 万多处、可移动革命文物 100 多万件（套）、革命博物馆和纪念馆 1600 多家。革命文物保护状况持续改善，教育传承功能明显增强，融合发展作用大幅提升，机构队伍建设实现突破，整体态势日益向好。

近年来，为加强革命文物保护，国务院办公厅印发了《"十四五"文物保护和科技创新规划》，国家文物局制定发布《革命文物保护利用"十四五"专项规划》，31 个省（自治区、直辖市）和新疆生产建设兵团制定了革命文物保护利用工程实施方案，全面确立新时代革命文物工作的任务书和路线图。

为使红色革命文化教育资源得到更为充分的挖掘与展现，各地博物馆积极收集、整理红色文物和相关历史资料，通过精心策划的展览，以丰富多样的形式将红色革命故事呈现给受众。无论是传统的实物展示、图片展览，还是利用现代多媒体技术打造的沉浸式体验，都让受众更直观地感受到红色革命文化的魅力。

在教育活动的形式方面，博物馆也进一步丰富教育形式，提升受众体验感。除了常规的革命文物展览，许多博物馆还开展了主题讲座、研学活动、红色文化体验营等活动。这些活动针对不同年龄段和群体的需求，设计了具有针对性的教育内容，吸引了广大受众（尤其是青少年群体）的积极参与，有效地传播了红色革命文化。

德州市博物馆红色文化研学活动

此外，博物馆与其他部门、机构合作，扩大红色革命教育活动的受众群体——与学校合作，将红色革命文化纳入教育教学体系；与企业合作，开展红色文化主题的社会实践活动。这种跨领域的合作拓展了红色革命文化教育的渠道并扩大了其影响力。

2021年5月18日，德州市博物馆与德州市黎明街小学共同举办了"小小志愿红色讲解员"活动，依托"山东渤海军区教导旅革命历史文化展"选拔培训了15名优秀的小学生担任德州市博物馆"小小志愿红色讲解员"。在活动中，孩子们亲自讲解红色革命故事，感受革命精神，传承红色基因。该活动旨在传递与展现"铭记历史、珍爱和平、成长自我、服务他人"的理念，培养红色志愿服务者、打造红色志愿服务品牌。从活动开幕当天到闭展，每个周末，这些小讲解员都会来到博物馆为参观者进行讲解。这一具有创新性的红色革命文化教育活动，是德州市博物馆利用革命文物资源开展青少年社会教育创新模式的成功案例，受到了社会各界的广泛关注和一致好评。

2022年3月，德州市博物馆申报的《红色文化主题展览社会教育案例》被山东省文化和旅游厅评为山东省革命文物保护利用典型案例，全省仅有8项案例入选。这些红色革命文化教育活动让红色文化浸润孩子们的心灵，为他们树立了正确的世界观、人生观、价值观。

德州市博物馆"小小志愿红色讲解员"活动现场

德州市博物馆利用革命文物资源开展青少年社会教育创新模式的成功案例，改变了过去红色革命文化教育"我展你看，我讲你听"的传统形式，将讲解者和参与者的身份合二为一，让受众主动参与和体验，让红色革命历史中的英雄事迹和革命精神为个人发展提供强大的精神动力和榜样力量。

三、博物馆红色革命文化教育发展方向

怎样将博物馆的现有资源最大限度地利用好、宣传好，实现社会教育效益最大化，已经成为当前各地文化场馆社会教育活动正在努力突破的难点。

1. 创新展示与传播方式

在博物馆红色革命文化教育的呈现形式方面，博物馆可以充分利用虚拟现实、增强现实、混合现实（MR）、全息投影等先进技术，打造沉浸式、互动式的展览体验，让受众身临其境地感受红色革命历史。

此外，博物馆还可以利用多媒体融合传播渠道，如开展线上展览、直播讲解、短视频传播等活动，打破红色革命文化教育活动在时间和空间上的限制，扩大红色革命文化教育的覆盖面。利用社交媒体平台，鼓励受众分享自己的参观体验和感悟，形成良好的传播氛围，提高红色革命文化的传播力和影响力。

2020 年 11 月，"血砺忠诚——冀鲁边区革命历史文化展"在德州市博物馆开展，展览期间，德州市广播电视台邀请了德州

市博物馆和乐陵市冀鲁边区革命教育基地管理中心的两位专家做客《观点面对面》演播室，以本次特展为主题，录制了一期专题访谈节目，将革命文物的故事带到了演播室，让博物馆的红色革命文化教育突破空间限制，通过电视传递给每一位观众。另外，央广中国之声《朝花夕拾》节目对冀鲁边区的革命精神以及此次红色展览进行了 15 分钟的专题报道，这是中央级媒体对德州革命历史文化展览的一次全面报道，大大提升了德州红色文化的传播力和影响力。

2. 丰富教育形式

在教育形式上，博物馆可以与学校、教育机构或其他社会机构合作，开发更多具有针对性和系统性的红色研学课程和线路，将红色革命文化教育与教学实践、素质教育相结合，培养学生的创新精神和实践能力。

针对不同社会群体，博物馆可以开展形式多样的教育活动，如针对老年人的"红色记忆分享会"，针对上班族的"红色文化讲座"，针对亲子家庭的"红色文化亲子活动"等，以满足不同群体的文化需求，增强红色革命文化教育的社会影响力。

3. 加强队伍建设，扩大多元合作

为进一步增强博物馆接待能力，提升红色革命文化教育效果，博物馆应加强与高校、科研机构的合作，开设相关专业和课程，培养一批具有深厚红色文化底蕴、掌握现代教育理念和方法的专业人才。同时，博物馆应定期组织博物馆工作人员参加培训、学术交流等活动，不断提升他们的专业素养和业务能力。通过招募和培养志愿者、红色文化讲解员等社会力量，建立一支多元化的红色革命文化教育传播队伍。

加强不同地区、不同类型博物馆之间的合作与交流，实现资源共享、优势互补。通过联合举办展览、开展学术研究、交流教育经验等方式，共同推动红色革命文化教育的发展。

德州市博物馆积极组建博物馆志愿者队伍

第五节　科普教育类活动

科普教育类活动是以科学知识、科学方法、科学思想和科学精神为核心主题，通过精心设计的展览、生动易懂的讲座和亲手操作的实验等多种形式，向广大公众普及科学知识的一类教育活动，旨在激发公众对科学的兴趣和探索精神，提高公众的科学素养。此类活动不仅涵盖自然科学、工程技术、信息技术等多个领域，还注重培养公众的科学思维能力和解决问题的能力，为推动科技进步和社会发展、提升公众的科学素养和创新能力奠定了坚实的基础。

一、科普教育类活动的意义

博物馆举办科普教育活动，一方面有助于增强公众对科学技术的认知和兴趣，让公众在轻松愉快的氛围中感受科学的魅力，从而激发公众对科学的热爱和追求；另一方面科普教育也促进了博物馆与公众之间的深度互动和交流，增强了博物馆的社会亲和力和教育功能。同时，此类活动通过搭建科普教育平台，能让更多人了解、参与并受益于博物馆社会教育，培养出更多具有创新精神和实践能力的优秀人才,也是博物馆履行社会责任、服务国家科技创新战略的重要途径。

二、博物馆科普教育类活动的发展方向

博物馆应通过深化跨界融合、强化科技应用与创新、精准定位与分众化服务以及构建科普教育生态系统等途径,不断加强科普教育活动的吸引力和影响力,为文博事业的多元发展注入新的活力和动力。

1. 深化跨界融合

博物馆应积极探寻与教育机构、科研单位、媒体平台等多领域之间的跨界合作,形成强大的科普教育合力。通过与学校共建科普教育基地,与科研机构联合开展前沿科技展览,与媒体平台携手打造科普节目或栏目,实现科普教育资源的优化配置和高效利用,为公众提供更加丰富和多元的科普学习体验。

2. 强化科技应用与创新

博物馆充分利用现代科技手段,例如大数据、人工智能、云计算等,提升科普教育的智能化和个性化水平。通过开发科普教育应用程序、建立在线科普学习平台、推出虚拟实验室等方式,让公众可以随时随地获取科普知识,参与科普互动,体验科技带来的便利和乐趣。同时,鼓励创新科普教育的形式和内容,如举办科普创意大赛、征集科普微电影等,激发公众的创新思维和创造力。

3. 精准定位与个性化服务

为满足不同年龄层次和兴趣偏好的公众需求，博物馆应提供定位精准、类型多样的科普教育服务。通过市场调研和数据分析，深入了解公众的需求和期待，设计出适合不同群体的科普教育活动和课程。例如，可为青少年安排趣味科学实验课，为成年人组织前沿科技分享沙龙，为老年人提供健康养生知识的科普讲堂等，从而实现科普教育的个性化和定制化。

4. 构建科普教育生态系统

博物馆应积极参与构建社会科普教育的生态系统，与政府、企业、社会组织等多方合作，共同促进科普教育的良性循环和可持续发展。通过政策引导、资金支持、项目合作等方式，推动科普教育资源的均衡分配和优质共享。同时，加强科普教育人才队伍建设，培养具有专业素养和创新精神的科普教育工作者，为科普教育事业的长远发展提供切实保障。

三、科普教育类案例探析——中小学生中医文化系列科普活动

2025 年 1 月 7 日，由国家博物馆、国家中医药博物馆联合主办的"智慧之光——中医药文化展"在德州市博物馆开展。德州市博物馆基于该展览，组织中小学生开展了中医文化科普活动。

1. 参观学习

为使前来参观的中小学生更好地了解中医知识，德州市博物

馆专门成立了一支中医文化讲解志愿服务队，为预约参观的中小学研学团队进行科普知识讲解。参观过程中，讲解员为学生们讲述了尝百草的神农、战国名医扁鹊、外科鼻祖华佗、"药王"孙思邈等中医医学家的事迹，介绍了获得诺贝尔生理学或医学奖的药学家屠呦呦从中医古籍《肘后备急方》中获取灵感发现青蒿素的故事，激发了学生对中医学的兴趣，增进了他们对我国悠久医药历史的了解。

2. 知识问答活动

为提升教育实效，馆方积极创新教育方式，根据本次展览中的中医知识，为学生们精心设计了知识问卷，在参观结束后邀请学生现场答题。这一活动不仅加深了学生对展览内容的理解，还激发了他们主动学习中医知识的热情。

3. 八段锦养生操实践体验

在此次中医文化知识科普活动中，德州市博物馆还为学生们加入了八段锦养生操的学习活动，邀请了专业的中医保健医生现场教学。孩子们目光专注，跟随老师一招一式地比画，起势时如苍松扎根，沉稳而立，双手托天理三焦，舒展全身，左右开弓似射雕，动作刚劲有力，尽显豪迈之气。现场每个人都沉浸在八段锦独特的韵律之中。学习八段锦养生操这一实践体验活动，创新了博物馆社会教育形式，打破了传统静态展览模式，以生动有趣的互动体验吸引学生积极参与，增强了教育活动的吸引力与感染力，提升了博物馆社会教育的实效。

八段锦养生操实践体验活动现场

4. 辨药性，识本草

为了让学生们能够近距离观察中草药的特点，了解中草药特性，德州市博物馆在展览中为学生设计了"辨药性，识本草"活动，学生们通过"识、辨、尝、制"的沉浸式体验，在药香弥漫中触摸千年文明脉络，感受中医智慧的博大精深。授课老师结合历史典故向学生介绍中草药特点，从生长环境到药用价值，从道地药材到中医典籍，讲解内容博古通今，生动有趣。学生们俯身轻嗅菊花的清冽，轻抚艾叶的纹路，细观葛根的形态……他们逐渐读懂植物的语言，原来每一株草木都是大自然书写的药方。

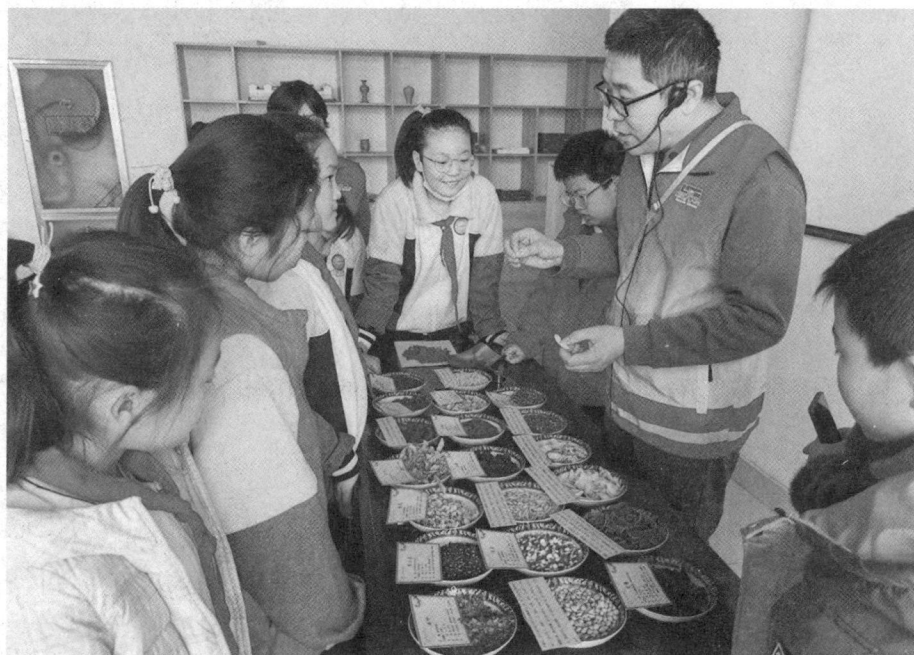

"辨药性，识本草"体验活动现场

第六节　馆校合作教育活动

　　馆校合作教育活动是一种深度融合博物馆丰富藏品及展览资源与学校教学内容的社会教育形式。这类活动立足于学校教学需求和教学计划，巧妙融入博物馆独有的文化韵味和深厚的历史底蕴，通过一系列针对性和互动性较强的教育活动，为学生提供了一个寓教于乐、知行合一的学习机会。馆校合作的核心目标在于突破传统教学的局限，拓展学习环境，激发学生的探索兴趣，提高其综合素质、实践能力和创新思维。

一、馆校合作教育的意义

1. 扩展教育资源

　　博物馆拥有丰富的藏品资源和数据资料，而通过馆校合作，学生走进博物馆，可以接触到丰富的文化、艺术资源，有助于他们全面掌握多种历史文化知识，提高他们的文化素养。来自校园的学生资源也可以为博物馆提供各种社教课程和公益活动的受众对象，促进博物馆社会教育水平不断提高。

2. 发展学生创造力

　　学生在校期间，很难接触到教学内容以外的文物和艺术品。

通过馆校合作，学生可以走近珍贵的文物藏品和艺术作品，了解它们背后的故事和意义，激发他们的发散思维能力和创造力，使其形成了一定的美学鉴赏力。

3.拓宽学生的视野

众所周知，博物馆是征集、典藏、陈列和研究自然和人类文化遗产实物的场所，通过馆校合作，可以让学生拓宽视野，了解各种文化和艺术形式，在发掘自己文化身份、提升文化认同感的同时，让学生与多元文化社会接轨。

德州市博物馆积极开展馆校合作教育活动

4.引导学生树立正确的价值观

博物馆与学校共建"馆校合作教育实践基地"，是提高学生思想政治素质、加强党的思想理论建设、推进社会主义核心价值体系建设的重要抓手，是培养学生优秀品质的重要途径。将博物馆文化融入学生养成教育中，能更好地发挥社会实践基地的实际作用，引导学生树立正确的社会主义核心价值观。

二、馆校合作教育的发展方向

1. 加强合作交流，改变单一模式

馆校合作模式主要有六种不同形态，即提供者与接受者形态、博物馆主导形态、学校主导形态、博物馆附属学校形态、社区博物馆学校形态、第三种介入形态。目前，许多博物馆与学校的馆校合作均为提供者与接受者形态，活动内容仅限于组织学生团体入馆参观，聆听讲解，以外出游览的方式开展校外学习。这是一种单向的合作方式，博物馆没有与学校建立真正深入的合作关系。

馆校合作应该是一种双向合作，学校要以一定的师资力量结合博物馆藏品和展览内容制订相应的教学方案，博物馆要在提供场地、资源支持的基础上，配合学校的教学方案为学生提供相应的讲解服务。

2. 创新活动形式，提升教育效果

馆校合作教育活动是一种开放、直观、浸入式的互动教学。为提升该活动的教育效果，博物馆应率先发力，积极打造具有文博自身特点的教育课程，将藏品转化为能够提高学生传统文化知识素养的课程资源，充分发挥博物馆的教育职能，使博物馆真正

成为学生的"第二课堂"。博物馆应在保证活动内容与学校教学紧密结合的同时，不断探索和创新教育形式，引入数字化、游戏化、项目式学习等现代教育理念和技术手段，如开发在线互动课程、虚拟现实体验、主题研学旅行等项目，使学习过程更加生动有趣，有效提升学生的参与度和学习成效。

在课程开发方面，学校与博物馆应共同开发适合学生年龄特点和认知水平的课程，将文博资源融入学校教学中。具体而言，学校可以根据教学计划和学生需求，向博物馆提出课程需求，博物馆则根据自身资源和特点，为学校提供相应的课程支持和教学资源。例如，博物馆可以开发具有地域特色的历史课程，这些课程不仅可以丰富学校的教学内容，还可以激发学生的学习兴趣和探究欲望。

3. 争取政策支持，建立保障制度

为促进馆校合作教育发展，博物馆和学校应共同争取教育、文化、财政等多个部门的政策支持。应向教育部门积极争取课程融合政策支持，鼓励将博物馆教育内容与学校课程体系深度融合，清晰界定博物馆资源在学校课程里的占比、实施方式等，让博物馆教育切实成为学校教育的有机组成部分；教学评价政策也不可或缺，建议教育部门在学校和教师的教学评价体系中，纳入课外文博教育教学等活动的开展情况及效果评价，以此提升学校和教师参与的积极性。

另外，相应的财政支持也至关重要。馆校双方要积极与财政部门沟通，争取设立专项经费，用于支持合作开展的教育教学活动，包括活动策划、课程开发、师资培训、场馆设施完善等费用；经费补贴政策方面，应努力推动财政部门出台相关政策，对积极参与合作的学校和博物馆给予一定经费补贴，减轻双方的经济负担，提高合作主动性。

4. 培养馆校合作的教育人才

培养馆校合作教育活动的人才力量，可从多方面着力。开展专业人才培训，增强学校师资队伍的文博知识素养，提升博物馆讲解人员面向学生群体的教育教学水平；定期召开师资交流研讨会，分享教学心得、遇到的问题及解决办法，共同探讨优化教学活动的策略；完善激励机制，博物馆和学校在进行职称评定时，对积极参与馆校合作教育且教学成果显著的师资给予倾斜，肯定其工作价值；设立专项奖励基金，对在合作教育教学活动中表现优秀的师资给予物质与精神奖励，激发其工作热情。

5. 拓展宣传途径，增强社会效应

广泛利用各类媒体平台和社交工具，拓展宣传渠道，加大馆校合作教育活动的宣传力度。通过新闻报道、专题报道、社交媒体推广以及校园宣传栏等多种形式，提升活动的知名度和影响力，吸引更多学校、学生及家长的关注和参与，营造良好的社会氛围。

三、馆校合作教育案例探析

1. 大学生社会实践基地

大学生校外社会实践基地是为大学生提供实践学习知识和技能的平台，包括企事业单位、政府机构、非营利性社会组织等。这些平台通过为学生提供真实的工作环境，让他们能够与专业人士进行交流和合作，从而提升其实践能力，培养其综合素养和社会交往能力。

博物馆作为文化事业单位，馆内藏品丰富、展览多元，涵盖历史、艺术、科学等诸多领域，宛如一座知识宝库。在博物馆开展社会实践期间，大学生能近距离欣赏珍贵文物、领略前沿科研成果，将课本知识与实物对照，拓宽知识边界，加深对专业知识的理解。在实践能力培养方面，博物馆能向大学生提供多样的实践岗位，如锻炼主题构思和展陈设计能力的展览策划岗位，提升语言表达能力的展品讲解岗位，提升专业文物修复能力的文物保护修复岗位等。此外，博物馆的社会教育属性也为大学生创造了服务社会的平台。他们在这里可以开展志愿服务，增强社会责任感，培养团队合作精神。博物馆浓厚的文化氛围，能有效滋养大学生的人文情怀，提升审美与文化素养，促进其全面发展。

2021年12月17日，德州市博物馆与山东华宇工学院共建的大学生社会实践基地正式揭牌。该平台的建立充分发挥了博物馆的教育功能，以历史文物资源作为实践教学的重要载体，为广大青年学生提供了体验生活、锻炼能力的机会，帮助学生巩固理论知识、提高专业素养、培养创新精神、提升实践能力。德州市博物馆与华宇工学院建立的大学生社会实践基地，是提高青年大学生思想政治素质、加强党的思想理论建设、推进社会主义核心价值体系建设的重要抓手，是突出培养学生优秀品质的重要途径，同时契合该校大学生养成教育工作的总体规划，将博物馆文化融入大学生养成教育中，能更好地发挥博物馆的社会教育功能，引导大学生树立正确的社会主义核心价值观。

2. 文物科普进校园活动

博物馆不仅是历史的见证者，也是文化的传承者，将博物馆作为学习的"第二课堂"，可以帮助学生更好地理解历史和文化知识，为他们带来多样化的学习体验。

2022年10月12日，德州市博物馆志愿者团队来到德州市第十二中学，为学生们带来了一场生动的精品文物科普进校园活动。学生们第一次接触文物知识课堂，既好奇又兴奋，课堂气氛非常活跃。志愿者老师在讲解完文物的相关知识后，还为学生们现场传授了文博讲解的相关技巧和礼仪规范，大家听后跃跃欲试，纷纷上台争当小讲解员，为同学们介绍自己熟悉的文物。德州市博物馆精品文物科普进校园活动，是该馆近年来开展的一项旨在扩大博物馆文化服务群体的馆校合作教育活动。该活动打开了学生们探索文物知识、开拓历史视野的大门，架起了博物馆与学校沟通的桥梁，让学生近距离感受历史文物的魅力，并在轻松愉快的氛围中学到文化知识、增长见识，充分感受传统文化的魅力，助力全国文明城市创建。

德州市博物馆精品文物科普进校园活动

3. 馆校合作思政课

为进一步丰富教育渠道和课程资源，拓展校外研学基地，提升课后服务品质，2023 年 5 月，德州市博物馆与天衢新区德开小学共建馆校合作教育实践基地，旨在提高学生思想政治素质、加强党的思想理论建设、推进社会主义核心价值体系建设，进一步培养学生优秀品质。在馆校合作的过程中，双方依据学生养成教育工作的总体规划，将文博知识融入学生养成教育中，充分发挥社会实践基地的实际作用，引导学生树立正确的社会主义核心价值观。教育基地建成后，德州市博物馆为学生们带来了许多精彩的校外课堂活动。其中，馆校合作思政课——"我们身边的红色文化资源"最受学生们欢迎。该思政课以革命文物为载体，全面系统介绍德州市红色资源及其蕴含的革命精神，激发同学们的爱国热情，砥砺精神品格，传承红色基因。另外，课程中还介绍了关于博物馆革命文物保管保护等方面的相关知识，使学生树立文物保护从小抓起、人人有责的观念，实现博物馆资源与教育的有效链接。

第七节 儿童教育课程类活动

一、博物馆开设儿童教育课程的意义

1. 对儿童个人发展的意义

博物馆通过丰富的文物、展品及详细的讲解，向儿童传授多领域的知识，如历史、艺术、自然科学等方面的知识，比传统课堂更具直观性和趣味性。在开展儿童教育课程的过程中，儿童在专业讲解员的引导下观看展品、参与互动活动，充分锻炼观察、比较、分析、归纳等多种思维能力，提升综合认知水平。

除了知识层面的提升，博物馆教育课程还能引导儿童深入了解本地区或多元文化的内涵和魅力，在幼小的心灵中播下热爱祖国文化、尊重不同文化的种子，形成强烈的文化自信和民族自豪感。相较于枯燥的课本学习，博物馆独特的环境和新奇的展品更能激发儿童学习的主动性和求知欲，培养其积极探索的态度。

2. 对博物馆教育功能的意义

对于博物馆自身而言，开发多样化的儿童教育课程，能为场馆吸引更多儿童参观者，充分调动馆内文博资源，提升自身社会教育水平和教育服务质量，让博物馆在儿童教育领域发挥更大的作用，推动博物馆从传统的收藏展示功能向教育传播功能转型。

3. 对社会发展的意义

儿童是文化传承的未来主力军，博物馆教育课程让儿童从小接触和了解优秀文化，在他们心中种下文化传承的火种，为民族文化的发展提供延续性和生命力保证。

博物馆儿童教育课程中包含的多元文化环境和启发式教育，能为儿童提供创新灵感，激发他们对文化的创造性思考，为文化创新发展注入新的活力。

博物馆通过开展儿童教育课程，为不同生活环境和家庭背景的儿童提供平等的文化教育资源，缩小文化教育资源差距，促进社会教育公平。

二、博物馆儿童教育课程开发的现状

1. 现有课程种类与特点

（1）专题讲座

专题讲座是博物馆儿童教育课程中较为常见的形式之一。其特点是内容集中且具有专业性，通常围绕某一特定的文物类别、历史文化时期或者艺术领域展开。专题讲座能够系统地向儿童传授知识，让儿童对某一主题有较为深入和全面的理解。博物馆的专业讲解员或专家能够在相对较短的时间内，通过精心准备的讲稿和展示资料，将复杂的信息以相对条理清晰的方式传递给儿童。

同时，专题讲座还可以结合音视频资料、实物展示等多种方式，增强讲解的生动性和直观性。

（2）手工制作

手工制作类课程在博物馆社会教育课程中也备受儿童青睐。这类课程能有效提升儿童的动手能力和创造力，具有较强的趣味性，能够充分调动儿童的积极性。在手工制作过程中，儿童不仅仅是单纯的知识接收者，更是主动的创造者。他们通过自己双手的操作，将博物馆中的文化元素进行转化，这个过程能够让儿童更加深刻地记住相关知识。同时，手工制作也有助于培养儿童的耐心和专注力，并且由于每个儿童的作品都具有独特性，还能促进其个性化发展。

（3）角色扮演

角色扮演课程为儿童提供了一种沉浸式的学习体验。例如，在学习古代商业文化时，儿童可以分别扮演商人、顾客、官员等角色，模拟古代的商业贸易场景。这种课程的特点是情境性强，能够让儿童深入到特定的历史文化语境之中。通过角色扮演，儿童可以更好地理解不同角色在当时社会中的地位、行为方式以及相互之间的关系。它有助于提高儿童的理解能力、沟通能力和团队协作能力，同时也能让儿童在有趣的游戏氛围中对历史文化知识有更生动的体验。

这些课程种类共同构成了博物馆儿童教育课程的基本框架，

满足了儿童多样化的学习需求。

2. 面临的问题与挑战

（1）课程设计缺乏系统性

在部分博物馆儿童教育课程的开发过程中，主题之间缺乏连贯性是一个较为突出的问题。例如，在一些博物馆开展的多个儿童教育课程中，可能前一课程主题是古代神话传说，后一课程主题突然转变为现代艺术鉴赏，这两个主题之间缺乏内在的逻辑联系，使得儿童在接触不同课程时，难以形成一个完整、连贯的知识体系。这不仅会影响儿童对博物馆文化的深入理解，也不利于培养他们的系统性思维能力。

（2）分层难度设置不合理

不同的儿童在知识储备、学习能力和兴趣爱好等方面存在差异。然而，目前一些博物馆儿童教育课程在分层难度设置上存在不足。有些课程内容过于简单，完全不能满足有一定知识基础和学习能力的儿童的需求，导致这些儿童在课程学习中感到无聊，从而失去继续学习的兴趣；而有些课程又过于深奥，超出了大多数儿童的理解范围，使得他们望而却步。这种不合理的分层难度设置，无法使课程真正适应不同儿童的学习需求，影响了课程的教学效果。

（3）教育资源整合不足

博物馆拥有丰富而珍贵的馆藏资源，但在实际的教育课程开发中，馆藏资源与课程内容往往未能实现紧密的结合。例如，博物馆中的一些文物展品可能具有很高的考古和历史文化价值，但在课程设计过程中，没有充分挖掘这些文物与儿童学习内容的关联性，使得这些珍贵的馆藏资源在学校教育中只是作为观赏对象而存在，没有发挥出其应有的教育功能。

（4）场馆设施与教学活动脱节

博物馆的场馆设施包括展厅布局、多媒体展示设备等，这些设施本应成为教育课程实施的有力支撑。然而，现实中存在场馆设施与教学活动脱节的情况。一方面，展厅布局可能没有考虑到儿童教育课程的特殊需求；另一方面，多媒体展示设备可能没有得到有效的利用，或者其展示内容与课程内容没有很好的衔接，导致这些设施在教育过程中未能充分发挥其作用。

（5）教育人员间协同合作欠缺

教育资源整合不仅体现在实物资源与空间的结合上，还包括教育人员之间的协同配合上。博物馆儿童教育课程的开发需要讲解员、文物保护专家、教育工作者等多类人员的共同协作。但实际情况是，这些人员往往各自为政，缺乏有效的沟通与协作。讲解员通常侧重于文物的表面讲解，而难以深度结合教育理论将文物知识融入教学内容；馆内的文物保护专家虽然在文物保护、历史文化研究等方面具有深厚的专业知识，但较少参与到面向儿童的教育课程设计中，这容易导致讲解内容专业性过强而超出儿童的认知范围；教育工作者在课程设计过程中，虽然熟悉儿童教育的基本规律和方法，但对博物馆藏品的知识掌握可能不够深入全面，需要与讲解员、馆内专家等加强协同。

三、博物馆儿童教育课程开发的策略与方法

1. 课程内容设计

（1）主题选择

博物馆儿童教育课程开发首先要围绕儿童兴趣点和教育重点选取合适的主题。儿童往往对生动、有趣、新奇的事物充满好奇，因此可以选取经典文物、特定历史时期等具有吸引力的主题。比如，以古代玩具为主题的课程涉及古代的拨浪鼓、不倒翁等玩具，与儿童生活经验相关的教育主题更容易引起他们的兴趣。

在选取关于特定历史时期的主题时，要充分考虑这一时期在文化、社会、科技等方面的独特性和代表性。如秦朝统一中国的历史时期，这一时期的政治制度变革、文化融合以及科技发明都对后世产生了深远影响。通过秦朝这一主题，儿童可以了解到统一文字、度量衡制度的重要性，以及秦兵马俑等独特的文化遗产。

除了文化和历史方面，也可以选择与自然科学相关的主题，如博物馆中的古生物化石展品，可以让儿童了解地球生命的演化历程，从远古时期的单细胞生物到复杂的哺乳动物，激发他们对自然科学的探索欲望。主题的选择还应注重本地特色，结合当地博物馆的馆藏资源，如本地的历史文化名人、传统工艺等主题，

让儿童更加了解自己生活的地方，增强他们对家乡文化的认同感。

（2）知识体系构建

在确定主题后，需要将博物馆资源转化为系统的知识进行讲解。首先要进行知识点的分解，比如以古代书法艺术主题为例，可将知识点分解为书法的起源、不同朝代书法的特点、著名书法家及其代表作等。然后将这些知识点按照一定的逻辑顺序进行衔接，从书法艺术的起源开始，逐步深入到各个朝代的特点和代表性作品，形成一个有序的知识链条。还要注重知识的拓展，如在介绍古代书法作品时，可以拓展到书法背后的文化内涵、书法在当时的社会功能以及书法对现代艺术和生活的启示等内容，以帮助儿童构建全面、丰富的知识体系。

2. 教学方法运用

（1）情景教学法

情景教学法在博物馆儿童教育中是一种独特的实践方式，博物馆可以创设多种适合儿童学习的情境。例如，在讲述古代戏剧文化时，可以利用博物馆中的戏曲文物仿制品，向孩子们展示古代戏曲舞台场景，并让他们身着戏服学习简单的戏曲动作和唱段，让他们直观地感受古代戏曲的服饰、道具、唱法、舞台形式特点。

（2）体验式教学法

体验式教学法是博物馆儿童教育的有效手段之一。博物馆可邀请专业的手工制作教师带领儿童制作陶器、琉璃等手工艺品，让儿童感受古代烧制工艺，感受古代劳动人民的智慧。

（3）角色扮演

角色扮演也是一种典型的体验式教学法，如在向儿童介绍古代贸易活动时，可以让孩子们分别扮演商人、船长、官员、工匠等不同角色，模拟古代海上丝绸之路的贸易场景。孩子们通过协商交易货物、考虑成本利润等方式，深入理解古代商业活动的运作方式、贸易路线的重要性以及不同角色在贸易中的作用。这种体验式的学习能让博物馆知识在儿童的亲身参与中得到更好的内化。

3. 教育资源整合

深入挖掘博物馆馆藏的文物、图片、影像等资源对于课程教学具有至关重要的意义。首先，要建立完善的文物检索和分析系统，为教师提供便捷的文物查询途径。教师可以根据课程内容和教学目标，准确地找到与之相关的文物展品。

其次，要对文物展品进行深入解读。每件文物背后都蕴含着丰富的历史文化信息，博物馆应组织专业人员编写详细的文物解读资料，包括文物的历史背景、制作工艺、文化意义等方面的内容，为教师的课程开发过程提供丰富的素材。此外，还可以利用文物的数字化资源，为儿童提供更加生动、直观的文物展示和学习体验。

与学校、科研机构等外部单位进行合作也是博物馆实现教育资源共享的有效模式之一。博物馆与学校的合作可以从课程标准对接、师资交流、学生实践等方面展开，双方通过共同制订教育课程方案，提升儿童教育课程设计水平和教育质量。科研机构则可以为博物馆儿童教育提供前沿的研究成果和科学依据。例如，在自然历史博物馆的儿童教育课程中，可以邀请地质、生物科研机构专家为儿童授课，提高教育内容的科学性、准确性和时效性，实现教育资源的有效整合。

第三章

博物馆社会教育服务分众化设计

　　博物馆作为社会文化教育的重要阵地，近年来其社会教育服务的分众化设计已稳步推进，并实现了从单一展览模式向多元化、个性化服务模式的转变。随着公众文化需求的日益增长和多样化发展，如何利用好博物馆的各项职能，有效满足不同受众群体的学习需求和审美体验，推动博物馆社会教育服务持续发展，已成为博物馆发展面临的重要课题。

第一节 分众化教育的内涵

一、分众化教育定义

分众化教育是指根据受众的具体差异，用典型案例分别进行宣传，以激发情感共鸣，达成特定目标的教育方式。其内涵在于针对不同受众群体的需求、兴趣、能力及发展目标，实施差异化、精准化的教学策略与内容定制。这一理念强调教育的个性化与多元化，旨在通过细分受教育对象，实现教育资源的优化配置与高效利用。在分众化教育的框架下，教育机构与教师需进行深入的市场调研与学习者分析，明确不同群体的学习特征与需求偏好。

分众化教育注重知识传授，强调能力培养与个性发展。如今，分众化教育在大数据分析、人工智能等现代信息技术的帮助下，教育精准度与互动性不断提升，学习者的学习效率也不断提高。

二、分众化教育的特点

在分众化教育的具体实践中，教育内容与教学方法均需达到高度定制化的目标要求。教育者通过深入了解每个群体的独特属性，设计出既符合其认知规律，又能激发其学习动力的教学方案。

这种个性化教学策略可以提升教育的针对性与实效性，还能激发学习者内在潜能与创造力。

分众化教育强调教学双方的互动性，施教者可利用在线学习平台、智能教学系统等现代信息技术，为学习者提供即时反馈与个性化指导。

分众化教育还注重教育资源的优化配置与共享，通过构建多元化的教育资源库，为不同群体提供丰富多样的学习材料与实践机会。这种资源的高效整合与利用，可降低教育成本，提升教育普及度与公平性。

第二节 博物馆观众类型分析

一、博物馆观众群体类型

博物馆的观众类型受博物馆的展览内容和建造方式的影响，而博物馆的展览内容和建造方式也会受观众类型的影响。下面将选取博物馆观众中占比较大或较为典型的观众群体进行分析，为进一步研究博物馆分众化教育提供参考。

1. 少年儿童观众

少年儿童作为博物馆的主要观众类型之一，具有一定的特殊性——少年儿童正处于身心快速发展的关键阶段，其认知水平和专注能力尚在不断发展。博物馆是其获取知识、拓宽视野的重要场所，更是其满足好奇心、培养学习兴趣与创造力的重要平台。少年儿童在参观博物馆时，更倾向于通过直观感知与亲身体验的方式来获取信息。因此，博物馆在设计面向这类观众的展览时应注重寓教于乐，将知识性与趣味性相结合，通过生动的展示形式与富有创意的解说方式，使抽象的概念具体化、复杂的知识简单化，便于少年儿童理解接受。少年儿童在参观过程中，一般需要家长或教师的引导陪伴，这就要求博物馆在提供服务时，除了要关注展品本身外，还要重视观众对亲子互动与师生交流的需求。博物馆可以设置相应的教育活动，如亲子工坊、教育讲座等，促进家庭成员间的情感沟通，增强师生间的互动交流。

另外，随着信息技术的快速发展，少年儿童获取信息的渠道日益多样化，博物馆应紧跟时代步伐，利用数字技术、虚拟现实等方式，建立线上线下相结合的参观体验，让少年儿童在享受传统展览魅力的同时，也可感受到现代科技的便利。

2. 成人群体

在博物馆的各种观众群体中，成人群体的构成最为复杂，需求最为多元，他们常常展现出独特的参观动机与行为特征。成人观众既包括寻求知识与文化体验的普通市民，也包括专业人士、学者、教育工作者等。成人观众参观博物馆的动机与终身学习、自我提升紧密相关，他们大多期望通过参观展览，拓宽视野，深化对某一领域知识的理解，或是寻找灵感与创意的源泉。

成人观众作为博物馆文化活动的积极参与者，既满足于静态观赏，又热衷于参与讲座、研讨会、工作坊等互动活动。他们希望能通过交流与分享，深化对展览主题的理解，建立与其他参观者的社交联系。

除了出于自身需要来博物馆参观的成年观众，还有一部分成年观众是作为家庭群体中的成人陪伴者走进博物馆的。对于他们而言，博物馆是其陪伴孩子成长、增进亲子关系的重要场所之一。此类观众希望通过共同参观，拓宽孩子的视野，在共同学习的过程中留下难忘的亲子回忆。这类成年观众在参观过程中，更注重展览的亲子互动性，他们期望通过寓教于乐的方式，实现家庭教育的目的。

3. 旅游观光观众

在博物馆观众类型研究中，旅游观光观众主要由外地游客、旅行团成员构成，此类观众带着对新鲜事物的探索欲与对异地文化的浓厚兴趣走进博物馆，寻求独特的文化体验与知识收获。旅游观光观众对展览内容的广泛性与多样性有着较高的要求，他们希望通过参观，全面了解当地的历史文化、风土人情与艺术瑰宝。对此，博物馆在展览策划时应更注重展陈内容的全面性与深度，通过多媒体展示、互动体验等方式，增强展览的趣味性与参与感，满足游客的多元化需求。

此外，这类观众在参观时还希望获得便捷的参观引导、专业的讲解服务及舒适的参观环境，博物馆应优化游客服务中心功能，提供多语种服务，设置清晰的指示标识，加强导览系统的智能化建设，通过定期培训员工，提升讲解员的专业素养与服务态度，确保游客可享受到高质量的参观体验。

二、博物馆的分众化教育

要实现对不同类型的博物馆参观者进行分众化教育，就要求博物馆讲解人员因人施讲，即根据参观者的年龄、职业、文化水平、地域、兴趣等选择适合的讲解方式、内容和节奏进行讲解。要实现这一目标，讲解者首先要对观众的构成和需求有一定的了解和研究，除了常规的展陈讲解内容及文物、历史相关知识以外，还需要掌握一定的人类学、心理学和教育学知识，借助这些知识和理论体系对讲解对象进行分析，为不同观众群体提供适合他们的文博讲解。

博物馆参观者的类型多种多样，根据年龄，可以将其分为少年儿童、中青年和老年观众；根据地域，可分为本地观众、国内其他省市观众和外国观众；根据文化层次，可分为普通观众和专家学者。此外，博物馆也常为残障人士等特殊群体提供讲解服务。面对不同的观众，讲解员应提前预判观众可能感兴趣的内容，制订适宜的讲解路线，根据不同展厅的特点和观众需求，选择相应的讲解方式。

1. 少年儿童观众的分众化教育

少年儿童观众精力旺盛，思维活跃，有强烈的好奇心和求知欲，独立意识强，但注意力集中的时间相对有限。因此，讲解员在讲解时要注意控制好时间，尽量使用浅显易懂、生动有趣的语言讲解，多用简单的疑问句代替陈述句，将一些文物专业术语转化为通俗易懂的语言，增强讲解内容的故事性和趣味性，吸引他们的注意力。

2.中青年观众和老年观众的分众化教育

进入博物馆参观的中青年观众，往往希望讲解内容更加翔实，并能在参观的同时了解更多与文物相关的历史文化知识，因此讲解员在讲解时应以更加充实的讲解文本和生动有趣的讲解语言，为其提供内容丰富的文博讲解。对于年纪相对较大的老年观众群体，讲解员一方面要放慢语速和引领速度，确保这部分观众能跟上讲解员的讲解，同时还应根据其体力状况，适当调整参观路线，增设休息点，增加休息时长。

3. 专家学者的分众化教育

专家学者来博物馆参观的目的性和自主性较强，他们一般会选择自己感兴趣的内容重点参观。在为这类观众进行讲解时，讲解人员可以与专家学者就文物相关问题进行探讨，并在此过程中向对方学习一定的专业知识。同时，在引领和讲解过程中要适当留白，为其留出一定的自主观察和研究的时间。在为专家学者讲解时，讲解员要注意虚心向专家请教，切忌不懂装懂。

4. 外籍参观者的分众化教育

博物馆的大部分外籍参观者都对中国文化有着强烈的好奇心和求知欲，讲解员在为外籍参观者讲解时要特别注意国际礼仪，遵守相关的外事纪律，讲解语言要朴素平实、客观，可对有国际影响的历史事件、历史人物进行重点介绍，着重揭示其历史内涵，引起外籍参观者的共鸣，引导他们正确认识中国的历史和文化。

5.残障人士的分众化教育

残障人士等特殊群体也是博物馆的重要观众，博物馆在接待这部分参观者时要时刻从他们的角度思考问题，根据他们的身体或心理情况选取不同的参观方式，如为听障人士提供手语讲解服务，向视障人士提供文物仿制品触摸服务等，让他们也能在博物馆中以适合自己的方式感受历史文化和人文艺术。

第三节　博物馆分众化教育的发展方向

博物馆作为人类文明的保存者和诠释者，正经历着从"物的陈列"到"人的服务"的深刻转型。在全民教育需求日益多元的今天，传统"一锅烩"式的教育模式已难以满足不同群体的精神文化需求，博物馆社会教育必须走向分众化发展之路。

一、构建精准的受众定位体系

分众化教育必须建立在科学的受众画像系统之上。上海博物馆通过智能票务系统采集观众入场数据，结合线上问卷和面部识别技术，建立起一个包含年龄、教育程度、参观频次等 12 个维度的观众数据库。此类数据库可以帮助博物馆明确入场观众的类型，并以此为依据优化馆内社会教育服务。

除了入馆观众画像，博物馆还可以利用数字技术构建动态分众模型。苏州博物馆运用机器学习算法分析观众在数字展厅的停留轨迹，发现青少年在多媒体互动区的平均停留时间达 23 分钟，是传统展区的 3.2 倍。这种实时反馈机制能帮助博物馆不断优化展陈方式，形成"数据采集—需求分析—方案优化"的闭环系统。

二、打造多维度的教育产品矩阵

博物馆的文博内容设计需要突破单线程的知识传递模式，借助分众化教育理念，根据不同观众群体的认知特点，对馆内资源进行结构重组。敦煌研究院开发的"寻境敦煌——数字敦煌沉浸展"，通过虚拟现实、三维建模等技术，让观众突破空间和时间的限制，探索洞窟细节，感受敦煌文化魅力；河南博物院联合河南省博物馆协会推出了小游戏《汉代庄园田耕记》，该游戏基于真实的汉代农业文献，还原汉代农耕过程，让玩家在游戏中了解不同农作物的种植方式，体验农时和农业的密切关系。

分众化教育形式的创新需要构建分层递进的产品体系。博物馆可以为学龄前儿童设计融合增强现实技术的导览绘本和文物拼图游戏；为中学生设计与课本知识深度融合的研学课程；为专家和学者开设文物修复工作坊和学术沙龙，将分众化教育产品细分为入门体验、深度探索、专业研究三个层级，实现受众覆盖与内容深度的平衡。

德州市博物馆文物修复体验公开课

专业文物修复师正在向参与者介绍文物的修复材料

三、建立开放协同的生态系统

博物馆应以跨界合作激活分众化教育的新动能，建立开放、多层次的教育生态系统，如中国国家博物馆与中央美术学院合作开发的美育课程，通过将文物鉴赏与艺术创作相结合，为特定观众提供专业度更高、实操性更强的美育实践课程。这种专业互补的合作模式，使分众化教育产品既保持专业性又具备人文温度。

社群化运营是维持博物馆社会教育生命力的关键。博物馆可以从自身文博资源出发，组建线上线下的历史文化讨论社群，定期举办线上线下的交流活动，将具有共同兴趣爱好的观众聚集起来，形成文化共同体，在交流讨论中实现极具互动性的分众化教育，使博物馆的教育服务从单向输出转变为双向互动。

当博物馆教育突破"你讲我听"的传统模式，以分众化教育视角关注每个观众独特的精神世界时，文化传承便获得了真正的生命力。这种转变不仅需要技术创新和资源投入，更需要教育理念的根本性革新。未来的博物馆应当成为文化需求的感应器、知识生产的协作平台，让不同群体都能在文明长河中找到属于自己的精神坐标。这既是博物馆教育的进化方向，更是文化机构在现代社会中的价值重构。

第四章

博物馆线上社会教育活动

在信息与数字技术迅猛发展的当下，知识获取与传播格局被深刻重塑。互联网技术的创新及智能设备的普及，改变了求知途径与教育需求，催生了多样、个性化的学习模式。博物馆作为传承历史文化的重要平台，其使命与职责随之拓展。

传统博物馆依托实体空间，通过文物遗迹、艺术品展览，给观众带来直观的文化体验。但快节奏的生活与地域限制，让许多人无法亲临现场感受文化魅力。于是，博物馆社会教育活动开始向线上拓展，以网络连接馆方与公众。近年来，博物馆线上社会教育活动突破时空局限，扩大了教育影响力与覆盖面，它既是传统教学模式的延伸，也呼应了现代教育需求，让教育资源跨越地理边界，服务更多观众。

在教育内容上，博物馆持续创新，开展线上观展、在线讲解，借助互动游戏、虚拟现实等形式，提升趣味性与参与度，通过跨界合作、共享资源，利用大数据和人工智能技术，提供定制化学习体验。尽管面临技术更新、内容迭代和用户参与度等难题，博物馆线上社会教育活动仍前景广阔，正不断为文化传承与社会教育注入新活力。

第一节　博物馆线上社会教育活动开展背景

一、博物馆社会教育活动的传统形式与局限性

长期以来，博物馆作为文化传承和知识传播的核心场所，通过实体展览、专题讲座、互动研讨会等传统模式，为观众构筑了一个直观探索历史、艺术与科学魅力的平台。这类活动凭借其独特的现场感与互动性，使参观者能够通过近距离观察、现场体验等方式获得深入而鲜活的学习体验。但这些传统的社会教育活动通常受限于特定的空间和时间框架内。对于部分时间和出行受限的公众而言，参与此类活动存在较大难度。此外，随着社会的发展与人们生活节奏的加快，时间碎片化现象日趋普遍，博物馆传统社会教育活动的覆盖面及影响力因此受到制约，无法充分满足公众日益多元化的学习需求。这不仅限制了博物馆教育的广度与深度，也影响了其在现代社会中的影响力与适应性。面对这一现状，寻求创新的社会教育模式并与技术融合，以突破时空限制，提升参与度与互动性，成为当前博物馆社会教育发展与教育革新的重要方向。

二、博物馆线上社会教育活动优势

博物馆通过线上渠道开展社会教育活动，最突出的优势在于可以打破传统教育的时空限制，让受众可以随时随地通过网络接受博物馆社会教育，沉浸式欣赏珍贵文物，感受历史文化底蕴。

在多种前沿数字技术的帮助下，线上展陈的呈现形式也更加多元。除了传统的实物展陈，线上博物馆还可以利用三维建模技术、虚拟现实和增强现实技术为观众全方位展示文物或历史遗迹的整体形态、制作过程，为观众带来更为直观的学习体验。

利用线上平台，博物馆还可以实现社会教育活动的双向互动，观众可以在线提问，参与线上讲座、游戏等活动，博物馆在此过程中也可以进一步收集受众反馈数据，并以此对社会教育活动进行不断优化。

此外，线上活动成本较低，博物馆无须为大规模线下活动投入高额的场地布置、人员组织费用，还能吸引更多受众，扩大社会教育覆盖面，让文化知识以更高效、便捷的方式走进大众生活。

三、线上社会教育的发展

互联网技术的迅猛发展为博物馆社会教育带来了前所未有的机遇。移动应用技术的普及，让大众能够随时随地利用智能手机、平板电脑等移动终端访问博物馆的在线资源，扩展了公众学习的空间和时间边界。此外，虚拟现实与增强现实等前沿科技的涌现，为博物馆教育注入了新的活力。虚拟现实技术构建的仿真环境，使参观者仿佛穿梭于历史长河之中，近距离观看历史场景、艺术作品或科学实验；而增强现实技术则在现实世界中叠加虚拟信息，实现了文博资源与观众的即时互动，使学习过程更加生动有趣。随着这些技术的快速演进及其应用的深化，博物馆线上社会教育活动也得到了强有力的技术支撑。博物馆教育因此得以跨越地域、时间、语言的限制，触及更广泛的受众，实现教育资源的共享与高效运用。

第二节　博物馆线上社会教育活动开发与探索

一、线上教育平台与工具的选择与应用

博物馆基于其独特属性及观众需求，积极开发多元化的在线教育媒介，包括官方网站、社交软件、社群平台等。这些媒介各有特色，共同编织出博物馆在线教育的立体网络。然而，各种媒介在功能、受众范围及互动体验方面各有长短，博物馆需依据活动性质与目标观众来选择适合的平台，并最大化利用其优势。

以故宫博物院为例，它不仅搭建了功能齐全的官方网站，还开设了微博、抖音等各类社交媒体账号，同时开发了一系列的移动应用，形成了一个覆盖面广、形式丰富的在线教育体系。官方网站作为权威信息发布中心，吸引着历史文化的深度探索者；社交媒体凭借其广泛的传播力和高互动性，吸引了众多年轻人的关注；移动应用以其便捷性，深受用户喜爱。故宫博物院通过在不同平台推送定制内容，满足不同受众的学习需求。

二、线上教育内容的开发与设计

博物馆应积极策划线上社会教育活动，使实体展览与线上活

动相辅相成，形成协同效应。线上活动设计要注重知识体系的构建，同时融入趣味性和实践性元素。在多媒体资源的开发与集成上，博物馆可运用多种手段，如视频、音频、图像、动画等，为公众提供多样化的学习材料。

三、线上教育活动的互动与参与机制

博物馆可借助在线问答、交流平台以及社群活动，促进社会教育受众间的沟通与互动，增强学习体验的交互感与参与感。为使线上教育活动更加丰富，博物馆还可以引入更具科技感的社会教育形式开展互动，如线上小游戏、知识竞赛及虚拟导览等，这些创新手段能有效提高公众的活动参与度及学习兴趣。

四、建立线上评估与反馈机制

博物馆可以利用在线测验与调查问卷等手段，为线上社会教育活动构建一套全面的评价机制，客观评估公众的学习成果。同时，博物馆应主动收集用户意见，适时调整与改进线上教育项目，以保障教育品质稳步提高。

博物馆可在线上教育活动结束后，在线对公众的学习成效进行测试和评价，并收集反馈，以此掌握教育活动的覆盖面、受众满意程度及学习成果。博物馆可以以上述反馈数据为基础，适时调整与优化线上教育活动的内容、形式与平台，确保教育品质的不断提升。

第三节　博物馆线上社会教育活动挑战与对策

一、紧跟时代步伐，确保技术领先与安全

在信息技术迅猛发展的背景下，博物馆在策划线上教育活动时常常会受到技术迭代迅速的影响，导致活动教育方式更新不及时，教育技术相对落后。为解决这一难题，博物馆需秉持持续学习的精神，紧随技术潮流，加大技术研发投入，引入前沿技术手段与平台，以保证线上教育内容的及时更新和技术的持续跟进。

与此同时，博物馆还需构建动态的系统更新机制，定期对线上教育平台进行升级，不断优化技术环境。在保障技术安全与稳定性方面，博物馆应强化安全防护策略，确保参与线上教育活动的公众信息与隐私安全，并定期开展安全审查与漏洞检测。此外，博物馆还需严格管理用户数据，遵循法律法规，确保数据采集与使用合法合规。

二、注重原创性与创新性，确保内容质量

博物馆线上社会教育活动的核心竞争力在于不断推出高品质

的教育资源。博物馆应组建一支由具备深厚学术底蕴及丰富教学经验人士组成的内容创作团队，确保内容的原创性和新颖性。同时，博物馆还应强化与外部专家、学者和教育机构的协作，共同策划优质的教育活动主题，以增强内容的专业性和可信度。

在内容更新与版权维护上，博物馆需制订一定的更新计划，保证教育内容的时效性和前瞻性；博物馆还需重视版权保护，确保内容资源原创作者的权益不受侵犯，合法合规地开展线上社会教育活动。

三、激发学习兴趣，满足受众的多样化需求

增强受众的线上教育体验与互动性，是博物馆线上教育活动开发的关键目标。博物馆应创新活动模式，增加教育活动中的互动元素，以激发公众的学习热情与参与动力，具体策略包括但不限于举办网络问答、设立讨论专区、提供虚拟导览、开发互动游戏等丰富多样的线上活动。

此外，博物馆还需根据不同年龄及文化背景的受众的需求，定制多元化教育方案。通过个性化的内容定制服务，吸引更多受众加入线上教育活动，从而提高社会教育的广泛性。

四、以多元化筹资与高效运营，确保持续发展

博物馆线上教育活动的长效运作及资金筹措是其发展的核心支柱。为克服运营难题，博物馆应探索多维度的资金筹集路径，

如政府补助、公众捐赠、企业协作等多元化的资金来源，以保障项目平稳运行及持续发展。

此外，博物馆应强化财务管理，提高资金运用效率，确保资金投入的合理性和有效性。进一步加强运维团队的项目管理、市场推广以及技术维护等专业素养的培训，以确保线上教育活动顺利推进与不断优化。

第四节　博物馆线上社会教育活动发展方向

在数字化浪潮的助推下，博物馆的线上社会教育活动正以前所未有的速度蓬勃发展。从最初简单的线上展览呈现，到如今丰富多彩、互动性强的多元教育形式，其发展历程见证了科技与文博产业的深度融合。展望未来，博物馆线上社会教育活动将在多个关键方向持续拓展与深化，为公众带来更优质、多元且个性化的社会教育体验。

一、用户体验随技术进步不断优化

随着虚拟现实、增强现实、大数据和人工智能等前沿技术的不断迭代，博物馆线上社会教育活动为用户带来的教育体验也会进一步提升。博物馆可以通过技术引进、载体研发等方式，为受众提供更加多元化、个性化的社会教育活动，使线上社会教育内容贴合用户需求。在用户反馈方面，博物馆通过分析用户在平台上的浏览轨迹、停留时间、搜索记录等海量数据，利用人工智能算法精准洞察用户的兴趣偏好与知识盲点，并以此为依据，优化后续教育服务。

二、教育内容融合互联

未来，博物馆线上社会教育活动将在内容深度和广度上实现双重突破。一方面，挖掘文物背后的故事和文化内涵将成为博物馆社会教育的重点。博物馆将以跨学科的视角，将历史、语言、考古等多领域知识有机融合，为受众构建全面且深入的知识体系。另一方面，博物馆应立足于全球性文化视野，打破地域界限，以自身的文博资源为主线，融合世界各地的优质文化资源，为受众提供多元互联的社会文化教育内容。

三、互动模式升级

互动性是博物馆线上社会教育活动发展的关键驱动力。博物馆将在现有线上讲座、问答互动的基础上，创设更多新颖、有趣的互动学习形式。例如，开展线上文物修复模拟游戏，让用户在虚拟环境中亲身体验文物修复的复杂过程，在娱乐中学习文物修复知识；举办线上文创周边设计大赛，鼓励公众根据博物馆藏品进行创意设计，提交作品后由专业评委和大众投票评选，激发公众的创新思维和参与热情。此外，通过加强社群建设，为文博爱好者搭建交流平台，鼓励用户在社群中分享自己的参观心得、研究成果和创意想法，形成良好的文化交流氛围。

四、合作领域拓展

为促进博物馆线上社会教育活动的进一步发展，博物馆可以进一步拓展与学校、社区、企业等多领域的合作。与学校合作，开发定制化的线上课程，将博物馆资源与学校教学大纲紧密结合。例如，为历史课程提供丰富的历史文物资料和虚拟展览，辅助教师教学，提升学生的学习兴趣和知识理解深度；与社区合作，开展线上文化活动，如线上民俗文化讲座、社区历史文化展览等，增强社区居民的文化认同感和归属感；与企业合作，推出文化创意产品的线上推广活动，借助企业的技术和市场渠道，拓宽博物馆文化的传播范围，如博物馆与科技企业合作，开发基于文物元素的手机游戏或应用程序，既实现文化传播，又创造新的经济价值。

博物馆线上社会教育活动的未来充满无限可能，博物馆将通过技术融合创新、内容深度拓展、互动模式升级、合作领域拓展等多方面的努力，打破时空限制，利用馆藏文博资源为受众提供更多更好的文化服务，为社会教育事业的发展和文化传承创新注入强大动力。

第五章

非遗与博物馆社会教育融合研究

与物质文化遗产相对应，"非物质文化遗产"是指各族人民世代相传，并将其视为其文化遗产组成部分的各种传统文化表现形式，以及与传统文化表现形式相关的实物和场所。非遗是文化多样性中最富活力的重要组成部分，是人类文明的结晶和最宝贵的共同财富，承载着人类的智慧、人类历史的文明与辉煌。根据联合国教科文组织《保护非物质文化遗产公约》的定义，"非物质文化遗产"是指被各社区、群体，有时是个人，视为其文化遗产组成部分的各种社会实践、观念表述、表现形式、知识、技能以及相关的工具、实物、手工艺品和文化场所。

博物馆作为文化信息储存、研究、展示的平台，拥有丰富的文博资源，其中包括大量用非遗传统技艺制作的古代文物，以传统节庆民俗为主题的艺术作品，记载传统历法和药理的文献资料……馆内这些珍贵非遗，既能为参观者提供视觉冲击和感官体验，又能作为社会教育的素材和内容，提升受众的知识素养和文化自信。

第一节　非遗的价值内核与社会教育功能

一、非遗的文化意义

"非物质文化遗产"具有多维度的重要文化意义。从历史层面看，它是历史发展的真实记录，沉淀着特定时期的社会生活与文化信息，见证着人类文明的演进过程。在文化多样性方面，非遗作为独特的文化标识，丰富了人类文化的整体格局，展现出不同民族和地区的特色与风采。从艺术价值角度而言，非遗蕴含着独特的艺术表现手法和审美理念，为艺术创作与发展提供了丰富的滋养。同时，非遗在社会层面也有着不可忽视的意义，它是民族精神的象征和文化传承的重要纽带，有助于增强民族认同感和凝聚力，促进社会的和谐稳定发展。

二、非遗赋能博物馆社会教育

我国丰富的非遗资源对于博物馆社会教育具有重要的赋能作用。在内容层面，非遗为博物馆教育提供了丰富且独特的素材资源，极大地拓展了教育内容的广度与深度，使博物馆教育不再局限于传统的文物展示与历史叙述。在教育形式方面，非遗所承载的多样化技艺、传统表现手法等，为博物馆教育活动的开展提供了新颖多样的方式，增强了教育形式的灵活性与趣味性。从受众体验角度来看，非遗的融入有助于提升观众对博物馆教育的兴趣和参与度，使观众在多元的互动体验中深化对文化知识的理解与感悟，进而提升博物馆教育的实效性和传播效果，推动博物馆教育事业的持续发展。

第二节　非遗与博物馆社会教育的融合路径

一、展览活动融合创新

非遗在助力博物馆展览活动的融合创新方面发挥着重要作用。首先，非遗的丰富内涵和独特表现形式能够为展览的主题构建和叙事逻辑提供新的视角与思路，使展览的策划更具深度和感染力，引导观众更加全面地了解文化发展历程，感受古人智慧。例如，博物馆可以在展出非遗文物的同时，通过复原非遗制作场景，再现制作工序，让观众在场景化的叙事中认识文物，感受非遗技艺的精妙。

其次，非遗所具有的多样技艺和材料应用方式，可为展览的空间布局和展示手法带来创新元素，丰富展览的视觉呈现效果，增强观众的沉浸感和互动体验。景德镇中国陶瓷博物馆在2025年春节期间推出"六个景博"系列活动，其中包括瓷盘绘画"好'巳'画生"、瓷泥捏塑"泥韵蛇趣"、瓷坯印坯成型"灵蛇献瑞"等陶艺制作活动，通过这些互动体验，深化受众对景德镇手工制瓷技艺这一非遗技艺的认识，增进对陶瓷文化的了解与热爱。

再者，非遗蕴含的深厚文化底蕴能够为展品的阐释和解读提供更丰富的文化语境，帮助观众更好地理解展品背后的文化意义和历史价值，提升展览的教育功能和文化传播效力。总之，传承悠久的非遗文化能为博物馆展览活动的融合创新注入新的活力，推动博物馆展览事业的多元化发展。

二、非遗主题教育项目的开发

我国拥有源远流长、博大精深的非遗资源，这些宝贵财富为博物馆开展社会教育活动提供了多样化的项目主题。博物馆应充分发挥自身展品展示、空间环境等优势，充分且深入地挖掘、利用非遗资源，选取契合自身定位与受众需求的项目主题，积极主动地策划、举办专题讲座、限定特展、非遗公开课、传统技艺工作坊等社会教育活动。通过这一系列社会教育活动，让观众身临其境地感受非遗的独特魅力与深厚文化内涵，提高其参与度与学习兴趣。

2025 年 3 月，上海震旦博物馆开设了瓷板画体验工作坊，邀请专业手工艺讲师为参与者讲解国家级非遗项目瓷板画的制作方法和艺术内涵。在讲师的悉心指导下，参与者通过动手制作，真切地感受瓷板画这一以瓷为纸、以笔为锄的非遗技艺中，深藏于每一处笔触、每一层釉色中的独特艺术魅力。

三、多方合作推进在地文化教育

博物馆可以通过与社区、学校等合作，推进在地文化教育，通过构建系统化的非遗主题课程体系，让珍贵的文化遗产得到传承和延续，使在地文化得以薪火相传。博物馆可以根据不同对象的学习需求，策划和组织一系列系统性和连贯性的教育项目，将非遗内容有机融入相对完善的文化课程体系，实现非遗知识与社区活动、学校教育的有效衔接。为了让非遗在地文化教育更加生动有趣，博物馆和社区、学校应共同探索多样化的教育方式，如开展实地参观、实践体验、研学旅行等活动，激发参与者主动学习和探索非遗文化的热情。

为了让学生深切感受中华优秀传统文化的魅力，涵育家国情怀，提升对地域文化的认同感和自豪感，苏州苏扇博物馆与苏州市吴江区思贤实验小学联合开展了"尽'扇'尽美"非遗课程。学生通过参观苏扇博物馆、走访苏扇文创店、观摩苏扇制作技艺、参观苏扇生产工厂、尝试动手制作等过程，完整地认知和感受制扇技艺这一非遗项目，从而产生对家乡文化的热爱，实现创意思维、动手实践、审美表达等能力的多维发展。

第三节　融合发展的挑战与对策

一、面临的挑战

1. 非遗资源整合难度大

非遗资源本身种类繁多、分布广泛，博物馆在整合这些非遗资源时，面临着信息梳理难度大、资源统筹困难的局面。同时，将非遗资源与博物馆现有的教育资源进行有效融合，也需要在资源筛选、内容编排等方面投入大量学术力量，需确保二者相辅相成，共同服务于社会教育活动。

2. 受众群体多元化

社会公众的文化水平、兴趣爱好以及学习需求存在较大差异，这使博物馆在针对不同受众开展非遗主题教育活动时，难以做到精准定位和个性化服务。如何满足不同群体对非遗知识的需求，设计出具有广泛适应性和吸引力的教育内容和活动形式，是博物馆面临的又一挑战。

3. 教育效果评估的挑战

评估博物馆非遗主题社会教育效果存在一定难度。由于教育活动的长期性和潜在性，其效果往往难以在短期内显现，且评估指标较为复杂，涉及知识传授、文化认同、技能培养等多个维度。目前，博物馆缺乏科学、全面、可操作的评估体系，难以准确衡量教育活动的成效，从而影响后续活动的优化和改进。

二、相应的对策

1. 优化资源整合策略

博物馆应建立起完善的非遗资源库，加强与相关部门和机构的沟通协作，实现信息的共享与交流。在资源整合过程中，要注重分类与提炼，挖掘非遗资源的核心教育价值，并将其与博物馆自身的展览、藏品等资源有机结合，形成一套系统、完整的教育资源体系。

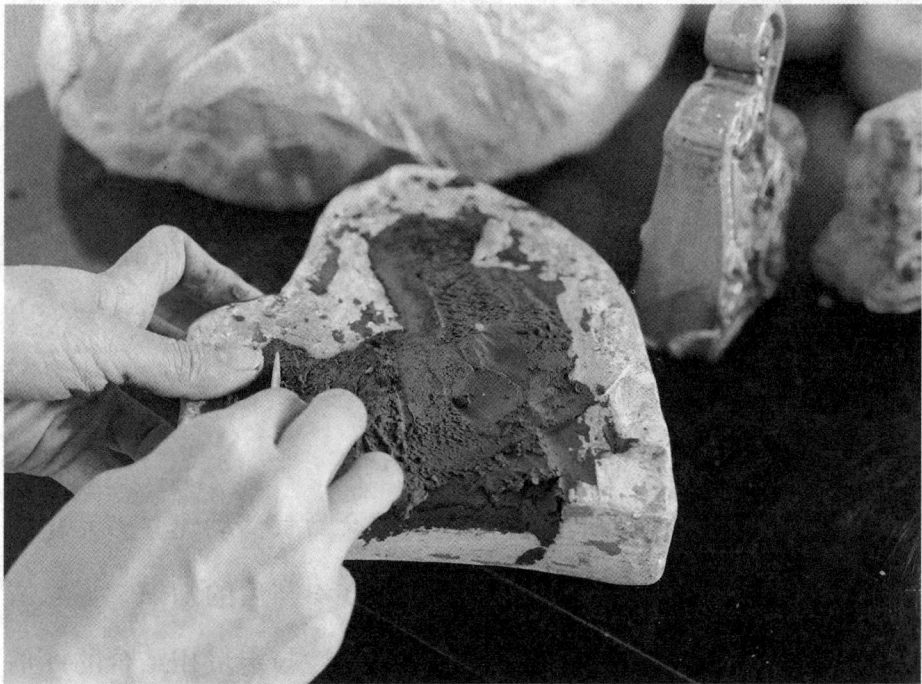

德州市博物馆举办"琉璃烧制技艺"体验活动

2. 精准定位教育受众

针对不同受众群体的特点和需求，博物馆应进行市场调研和受众分析，制订差异化的教育方案。例如，针对青少年群体，可以设计互动性较强、趣味性较高的活动；对于成年观众，则可以开展深度文化讲座和专业技能培训活动。通过多样化的教育形式和内容，提高博物馆非遗主题社会教育活动的针对性和吸引力。

德州市博物馆举办"琉璃烧制技艺"体验活动

3. 构建科学的评估体系

博物馆应为馆内开展的非遗主题社会教育活动建立多元化的教育效果评估指标体系，综合考量受众在参与后的知识掌握、情感体验、行为改变等多方面效果，采用定性与定量相结合的评估方法，如问卷调查、实践操作考核、观察记录等，全面客观地评价教育活动效果。同时，根据评估结果及时调整和优化教育活动方案，不断提高教育质量。

博物馆利用非遗开展社会教育活动是传承和弘扬优秀传统文化的重要举措，但也面临着资源整合难度大、受众群体多元化、教育效果评估不完善等多方面的挑战。通过优化资源整合策略、精准定位教育受众、构建科学的评估体系等对策，可以有效应对这些挑战，提升教育活动的质量和效果，使非遗在新时代焕发出新的活力与魅力，为社会的文化发展做出更大的贡献。

第六章

传统节日文化在博物馆社会教育中的推广与应用

　　传统节日是一种独特的社会文化现象，蕴含着丰富的历史、传统、民俗及宗教元素，是民众世代延续、共同庆祝的特殊时刻。它具有凝聚人心、弘扬民族精神、传承历史文化、促进社会和谐的重要功能。传统节日反映了一个国家或民族的历史变迁、风俗习惯、地理环境、人文精神以及道德观念，是彰显国家或民族特性的文化标识之一。

第一节　传统节日文化的内涵与传承困境

一、传统节日文化的内涵

中国传统节日是中华民族悠久历史文化中璀璨夺目的瑰宝，其形式多样、内容丰富，深刻地体现了国家、民族历史文化的长期积淀与凝聚。这些古老的传统节日，不仅涵盖了原始信仰、祭祀文化、天文历法、易理术数等丰富的人文与自然文化内容，更蕴含着深邃且丰厚的文化内涵。

从远古先民时期传承至今的中华传统节日，清晰地记录着中华民族丰富多彩的社会生活文化，同时也积淀了博大精深的历史内涵。作为传承优秀历史文化的重要载体，传统节日不仅能使人们增强历史认同感、传承传统道德观，更有助于延续文化脉络、增强社会凝聚力。

二、传统节日文化传承面临的问题

在经济高速发展与经济全球化迅猛推进的当下，我国与世界各国的交流愈发频繁紧密。西方文化大量涌入，冲击着我国传统节日文化，使部分传统节日文化正在悄然流失。与此同时，一些只求快速吸睛、缺乏内涵的不良文化观念，也在悄然侵蚀着传统文化的根基。如今，有相当一部分人对传统节日文化丰富的内涵知之甚少，甚至在认知上存在严重偏差，更有甚者肆意曲解传统节日的文化意义。

随着经济社会的持续进步，人们对物质生活的追求不断攀升，同时精神文化层面的需求也在日益增长，并呈现出多样化、多层次、多方面的趋势。怎样依托博物馆这一文化教育平台，重振传统节日文化的辉煌，激活其内在活力，已经成为当下发展传统节日文化的重要课题。

第二节 博物馆社会教育融入传统节日文化的重要价值

　　传统节日是国家与民族历史文化经长期沉淀的结晶。我国传统节日不仅承载着中华民族多元一体的文化精华，更全方位地展现出我国博大精深的文化内涵。博物馆作为公共文化宣传教育的前沿阵地，是开展爱国主义教育、传承和弘扬传统文化的核心基地。与单纯的文化知识讲解不同，博物馆对传统节日文化的普及教育方式更为直观、生动，能有效触动人们的心灵，引发情感共鸣，进而达到教育的深层目标。

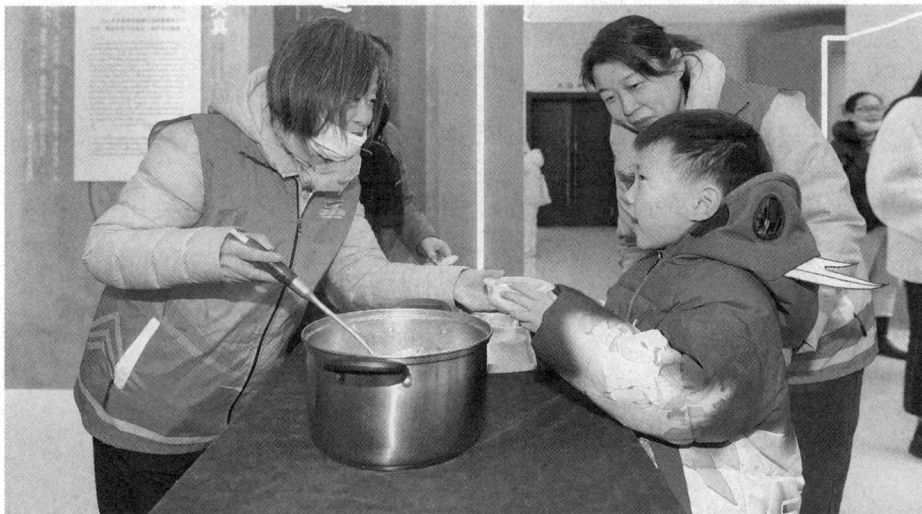

德州市博物馆元宵节活动

博物馆凭借多样化的形式开展传统节日文化社会教育活动，既能加深人们对传统节日文化的认知，提升传统节日文化在日常生活中的影响力，又能增强人们的文化自信与文化认同感。借助形式丰富的教育活动，吸引人们关注并重视传统节日文化，提升传统节日在大众生活中的地位，这不仅对弘扬和传承传统节日文化有重大意义，还能充分实现传统节日在博物馆社会教育体系中的重要价值。

一、文化传承与教育

传统节日是中华民族文化的重要组成部分，博物馆社会教育能够更有效地传承与弘扬这些节日的文化内涵。例如，博物馆可通过举办展览、开展讲座、设置互动体验环节等方式，让公众深入了解传统节日的历史背景、文化意义及相关习俗，强化对传统文化的认同与自豪之情。

二、增强文化自信

把传统节日文化融入博物馆教育，对提升国民文化自信具有积极作用。通过展示与传统节日相关的文物、艺术品及历史资料，能让公众直观地感受传统文化的魅力与价值，进而提升对中华文化的自信与认同。

三、促进文化交流与传播

博物馆作为公共文化机构，具有广泛的社会影响力。举办与传统节日相关的活动，能够吸引更多人关注并参与其中，有力促进文化的交流与传播。例如，博物馆可以组织元宵节、端午节等节日主题活动，运用民俗表演、互动体验等形式，让公众在参与过程中学习、传承传统文化。

四、提升公众参与度

博物馆可组织与传统节日相关的互动体验活动，如制作元宵、包粽子等，吸引公众尤其是青少年积极参与。这些活动不仅增添了博物馆社会教育的趣味性，还能让公众在实践中亲身感受传统文化的魅力，提高他们的参与度。

五、创新教育形式

传统节日融入博物馆社会教育，为创新教育形式提供了契机，使教育活动变得更加生动有趣。例如，博物馆可以通过组织猜灯谜、制作灯笼等活动，让孩子们在游戏过程中学习传统文化知识，提升教育的趣味性与实效性。

第三节　博物馆：传承与创新传统节日文化的教育平台

一、博物馆开展传统节日文化教育的意义

博物馆内珍藏着丰富的文物与文化资料，其中就包括传统节日相关的文物、典籍、图片、音视频等，它们为传统节日文化教育提供了丰富的素材与灵感源泉。在博物馆中开展传统节日文化教育，有以下几方面的意义。

1. 增强文化认同感

传统节日作为民族文化的鲜明符号，通过博物馆的展示与教育，让观众在了解与体验中增强文化认同与自豪感。这不仅促进了本土文化的传承，也搭建了各民族文化交流的桥梁，增进了不同民族文化间的理解和尊重。

2. 提高文化素养

传统节日文化教育有助于观众了解和认识传统文化的价值和意义，提高他们的文化修养和审美能力。同时，还可以让观众感受文化的魅力和趣味，增强他们对文化的热爱和兴趣。

3. 丰富文化生活

博物馆通过举办丰富多彩的传统节日主题社会教育活动，为观众描绘了一幅幅生动的文化画卷。在这里，观众不仅能欣赏到传统文化的韵味，更能感受到文化的生命力与创新力，为日常生活增添一抹亮色。

二、德州市博物馆传统节日文化教育实践探析

德州市博物馆在传承中华优秀传统文化的基础上，结合馆藏特色与非遗文化，创新性地举办了各类融合传统节日元素的社会教育活动，如元宵喜乐会、中秋灯会等，将传统节日文化教育开发成生动有趣的体验课堂，让走进博物馆社教中心的公众都可以在"玩中学、学中玩"，增加活动的参与性与趣味性，让传统节日文化在现代社会焕发出新的生机与活力。

德州市博物馆元宵喜乐会活动现场

（一）精心规划，打造年度传统节日教育课程蓝图

为确保传统节日教育活动有序、高效开展，德州市博物馆精心制订了年度传统节日教育课程计划，并从以下角度入手开展社会教育活动。

1. 主题明确，目标清晰

德州市博物馆为每个传统节日都设定了鲜明的活动主题与教育目标，如春节以"年味儿"为主题开展民俗互动活动，旨在传承春节文化，培养文化自信；清明节则以"缅怀先烈 逐梦蓝天"为主题举办专题讲座，强化家国情怀与社会责任感。

德州市博物馆清明节"缅怀先烈 逐梦蓝天"活动现场

2. 形式多样，寓教于乐

德州市博物馆充分挖掘传统节日的独特内涵，通过开展各具

特色的节日民俗活动，如端午节时举办包粽子、做香囊等活动，让参与者充分感受民族传统习俗的韵味，令传统文化在新时代的生活中焕发出全新活力，也让德州市博物馆成为传承节日文化的重要阵地。

3. 时间地点，合理安排

为了提升社会教育效果和活动体验，德州市博物馆根据节日时间节点和参与对象特点，灵活安排教育活动的时间与地点，确保活动的广泛参与性与实效性。

4. 投入资源，保障有力

在举办节日文化社会教育活动期间，德州市博物馆充分准备教育资源与人力物力，确保各项活动的顺利进行，让传统文化更好地在公众中传播、传承。

德州市博物馆春节游园会活动

（二）深度挖掘，精准定位传统节日文化特色

德州市博物馆深入挖掘传统节日文化的内涵与价值，精准定位其特色与特点，通过以下途径对参观者进行传统文化社会教育。

1. 展示与传承并重

根据当地传统节日特点，将教育课程定位为传统节日文化的展示与传承活动，如德州市博物馆在中秋节期间举办的中秋灯会活动，就是通过展示中秋节的起源、发展及相关文化传统，让参观者深入了解其文化内涵。

2. 深度挖掘，多元呈现

德州市博物馆充分发挥自身职能，借助文物展览、艺术品陈列、文化表演等多元形式，对传统节日文化展开深入挖掘，从历史渊源、民俗演变等多维度入手，将传统节日文化的特色与内涵完整且系统地呈现给大众，助力公众更好地认识、理解传统节日文化。

3. 传承创新，焕发新生

为更好地弘扬传统节日文化，德州市博物馆高度注重传统节日文化的传承与创新工作。以 2023 年元宵喜乐会为例，德州市博物馆积极策划并组织了猜灯谜、吃元宵、做灯笼等一系列贴合元宵节特色的活动，使公众在亲身体验各项传统习俗的过程中，逐步加深对传统节日文化的认知，激发了大众对传统文化的兴趣与热爱，为传统节日文化的薪火相传注入了源源不断的活力，也

为文化传承事业的长远发展奠定了坚实基础。

德州市博物馆元宵喜乐会活动

（三）服务群众，贴近实际、贴近生活、贴近群众

德州市博物馆始终以服务群众为出发点，坚持贴近实际、贴近生活、贴近群众的原则，让传统节日文化教育真正走进群众的生活。

1. 因地制宜，因材施教

根据不同地区、年龄段、文化背景观众的需求，制订相应的传统节日文化教育课程，确保社会教育的针对性和实效性。

2. 互动体验，深化理解

通过亲身参与、互动体验等形式，让参观者深刻感受传统节日文化的魅力，如德州市博物馆的"听，文物说话了"主题活动，就是让孩子们在绘画中认识文物、学习历史知识的社会教育活动。

3. 注重社会效益，提升民族凝聚力

德州市博物馆通过开展传统节日文化主题社会教育活动，向公众集中展示民族传统文化。在此过程中，参与者在潜移默化中受到民族文化、价值观的熏陶，内心深处的民族情感被唤醒，地区的民族凝聚力也随之提升。博物馆通过活动搭建这一文化桥梁，让传统节日文化成为民众间的情感纽带，强化了社会成员间的联系，推动社会形成积极向上的文化氛围，促使全体民众在文化传承中紧密相连，为民族发展汇聚强大力量。

综上所述，德州市博物馆在传统节日教育课程实践中，凭借其丰富的文物资源、精准的课程规划、深度的文化挖掘以及贴近群众的服务理念，成功地将传统文化与现代生活紧密结合，让传统文化在现代社会中焕发出更加璀璨的光芒。

第四节 "博物馆+新媒体"在传承传统节日文化中的独特作用

新媒体作为传播传统节日文化的一个新兴平台,正引领着博物馆走向数字化服务的新跨越。通过引进新媒体技术,博物馆不仅能够适时更新展陈布局和社会教育方式,更能进一步实现文化创新,促进文化传播。在互联网技术日新月异的今天,"互联网+"模式已广泛应用于各行各业,博物馆教育领域也不例外。博物馆应紧跟时代步伐,科学运用新技术,转变传统社会教育理念,致力于满足新时代群众对博物馆社会教育的需求,推动其持续发展。

一、开启博物馆数字化服务的新篇章

博物馆作为弘扬中华优秀传统文化和开展社会教育的重要阵地,正积极拥抱数字化浪潮。各博物馆正纷纷开设新媒体平台账号,如微博、抖音、小红书等,以实现服务的数字化升级。同时,通过购置先进设施设备,创新服务内容和传播形式,不断提升数字化服务水平。例如,一些地方民俗类博物馆通过收集传统节日地方文化资源,运用数字化技术实现图像、视频等资料的线上展播，通过"云展览"的方式，让传统节日文化跨越时空限制，焕发新生。

互联网技术的广泛应用，不仅提高了人们的生活质量，更改变了人们的思维方式和信息获取途径。将互联网技术融入博物馆教育活动中，不仅满足了新时代博物馆社会教育发展的需求，更增强了教育活动的趣味性和互动性，充分满足了受众的多样化需求。

二、拓宽传统节日文化传播的广度与深度

新媒体的兴起，为传统节日文化的传播开辟了新途径。与传统媒体相比，新媒体以其便捷性、即时性和互动性，拉近了博物馆与公众的距离，增强了公众对传统节日文化的重视和保护意识，激发了他们参与活动和学习的兴趣。博物馆通过新媒体平台，实现了传统节日文化传播的新突破，使文化信息如文博活动信息、展览信息等能够第一时间发布。德州市博物馆积极运用新媒体技术，在微信公众号上推出了"线上云展览""线上文物故事""线上语音导览"等多个板块，全方位展示了传统节日文化的魅力和内涵，大大提高了其传播力和影响力。

三、强化博物馆社会教育功能

新媒体平台不仅增强了博物馆传播传统节日文化信息的能力，更增加了与公众之间的互动。通过微信公众号、微博、抖音等新媒体平台，博物馆的各类活动消息得以迅速传播，公众

不仅能更加快捷便利地报名参与，还能随时对活动内容和主题提出意见和建议，推动了博物馆社会教育工作的进一步完善。博物馆还可以利用大数据技术对受众进行分析，根据性别、年龄、受教育水平等指标，为不同群体提供针对性的服务，满足受众的差异化需求。

第五节　关于传统节日文化社会教育的思考与总结

传统节日，作为中华民族传统文化瑰宝中的璀璨明珠，蕴含着深厚的历史底蕴、丰富的文化内涵及独特的民俗风情。其文化教育的推广与运用，不仅是传承与保护传统文化的关键所在，更是连接过去与未来、传统与现代的桥梁。本节以德州市博物馆为例，从跨界融合、传统文化"两创"实践、市馆优势发挥及全民动员四个维度，对开展传统节日文化社会教育活动的方式方法进行深入思考与总结。

一、跨界融合，拓宽传统节日文化传播新视角

跨界融合，作为开展传统节日文化社会教育的重要方式，旨在通过多维度、多形式的宣传，使传统节日文化焕发新生。德州市博物馆携手各界力量，如艺术、科技、媒体等领域，共同打造各类展览、演出、讲座等活动。例如，策划传统节日与现代艺术交融的创意展览，以艺术语言诠释传统节日的深层意蕴；举办专家讲座，邀请学者深入剖析传统节日的历史脉络与民俗习惯。这

些跨界尝试，不仅让传统节日文化更加贴近现代生活，更添新意与活力，还能吸引更多公众的目光与参与，为传统节日文化的传承与发展注入新的动力。

二、深耕传统文化"两创"实践，激发创新活力

作为传统文化的守护者与创新者，博物馆应致力于传统文化的创造性转化与创新性发展。德州市博物馆通过举办全民传统文化创意设计大赛，激发公众的创意潜能与创新精神。同时，通过传统文化创意产品展示，让传统文化与现代审美相契合，焕发新的生命力。在与当地设计院校、教育机构合作的过程中，德州市博物馆引导年轻市民深入探索传统节日文化，通过设计、创意等方式，赋予传统节日新的时代内涵与魅力，使传统文化在创新中得以传承，在传承中不断创新。

三、发挥市馆优势，推广优秀传统文化教育典范

德州市博物馆作为集文物收藏、科学研究、宣传教育于一体的市级综合性博物馆，承载着传播传统文化、弘扬民族精神的重要使命。在政府的大力支持下，德州市博物馆与其他博物馆、文化机构深化交流合作，共同挖掘、整理并推广一批成功的传统节日文化教育案例。通过举办传统节日文化教育学习研讨会，将这些优秀案例进行深度剖析，借鉴其成功经验与创新方法，为传统节日文化教育的普及与深化发展提供有力支撑与示范引领。

四、全民动员，构筑传统节日传承与保护的集体意识

激发全民参与热情，构筑传承与保护传统节日文化的集体意识，是推进传统节日文化教育普及与应用的核心所在。德州市博物馆利用自身资源，精心策划了一系列传统节日文化社会教育项目，如传统节日庙会市集、民俗文化体验活动等，以此广泛吸引市民群众积极参与，深化他们对传统节日文化的情感认同与文化自豪感。同时，德州市博物馆充分利用各类新媒体平台，开展形式多样、内容丰富的传统节日文化传播活动，扩大传统节日文化的受众面，提升公众的关注度和参与度，让传统节日文化得以更广泛地传承与发扬。

综上所述，传统节日文化教育的推广与应用需秉持跨界融合的理念，充分发挥博物馆的独特优势，借鉴并推广优秀传统文化教育的成功案例，同时致力于形成全民共同参与、共同守护传统节日文化的浓厚氛围。未来，德州市博物馆将继续以此战略为指引，积极探索多元化合作模式，全方位推动传统节日文化教育的深入普及与蓬勃发展，为传承与保护中华优秀传统文化贡献力量。

第七章

德州市博物馆社会教育活动案例展示

在博物馆社会教育蓬勃发展的当下，德州市博物馆积极探索，成果丰硕。德州市博物馆围绕弘扬传统文化、提升公众素养等目标，开展了丰富多样的活动，让参与者在动手体验中感受传统文化的魅力，兼具趣味性与教育意义，并借助多平台联动，增加馆内活动的曝光度，扩大了博物馆影响力。这些活动不仅为公众提供了学习交流的平台，也促进了博物馆从传统展示空间向多元教育平台转变，对推动新时代文化建设具有重要作用，为其他博物馆开展社会教育活动提供了宝贵经验。本章聚焦德州市博物馆，深入展示其社会教育活动的创新实践与显著成效。

第一节 "以手传心，承华夏文脉"传统文化社教手工活动

一、项目背景

中华优秀传统文化是中华民族的精神命脉，也是我们在世界文化激荡中站稳脚跟的坚实根基。传统文化教育一直是博物馆社会教育工作的重点，为了让传统文化散发新魅力，德州市博物馆立足中华优秀传统文化，结合馆藏资源及非遗文化，开展特色社教手工活动，让参与者在动手制作的过程中感受传统文化的魅力，体会传统文化新的时代意义。德州市博物馆通过开展各类传统文化社教活动，让"走进博物馆"成为一种全新的地域生活方式和社会风尚，吸引越来越多的公众来到博物馆，了解历史，感受传统文化，汲取精神养料，成为弘扬中华优秀传统文化的倡导者、参与者、传承者。

二、策划理念

1. 全民参与

博物馆是面向全社会的公共文化场所，也是宣扬我国优秀传

统文化的主要阵地之一，因此在策划活动时，德州市博物馆秉持着"让传统文化更好地抵达寻常百姓家"的理念，针对社会各界人士、各个年龄段的人士设计了多样化的传统文化活动。

2. "体验式"参与

德州市博物馆以各类传统非遗手工体验为载体，通过开发生动有趣的传统文化主题体验课程，让走进博物馆社教中心的公众都可以在"玩中学、学中玩"，真正做到"曲高不和寡"。

3. 注重传统文化在当今社会中的"应用性"

在教育内容设计上，德州市博物馆深入挖掘传统文化与现代社会生活的关联点，将传统文化元素与当代社会需求相结合，使参与者能够清晰地认识到传统文化在现代情境中的价值和意义。在教育方式选择上，德州市博物馆运用多样化且贴合时代特点的手段，如借助现代信息技术、新媒体平台等，让传统文化以更易于理解和接受的方式融入现代生活。在教育活动的组织与实施过程中，德州市博物馆注重引导参与者将所学的传统文化知识运用到实际生活中，培养他们的实践能力和应用意识，从而真正实现传统文化在当今社会的有效传承与应用，使其在现代社会发展中发挥积极作用。

三、活动实施

1. 活动目标

德州市博物馆通过开展各类传统文化主题社教活动，让"走进博物馆"成为一种全新的生活方式和社会风尚,吸引越来越多的公众来到博物馆,了解历史文化知识,感受民族精神力量,成为弘扬中华优秀传统文化的倡导者、参与者、传承者。

2. 活动准备

结合重要的节日节点,德州市博物馆策划了不同的传统文化社教体验活动,充分准备各项活动中的讲解文稿及所需材料、工具,利用多平台社群账号发布活动通知,面向社会公开招募参与者。

3. 活动过程

根据不同节日节点,德州市博物馆策划了相应的传统文化手工体验活动,完善活动策划方案。每年年初,馆内开会讨论,对活动方案进行遴选,确定全年整体社教活动计划,在节日节点前一个月,策划提交下个月活动的具体实施方案,博物馆领导审阅后提出修改意见,确定最终方案。

4. 活动实施

通过各新媒体平台向社会发布活动招募信息;在活动过程中利用新媒体平台对活动现场进行直播;活动结束后,在各媒体平台发布精彩回顾和活动报道,进一步扩大活动的宣传面及影响力。

四、具体实施案例

1. 花草纸台灯制作活动

活动主题:一束暖光,温暖岁月。

　　活动意义：5月，春未尽，夏未临，正是万物生长的季节。花草纸台灯的制作过程融合了中国四大发明中的印刷术与造纸术，所用的纸张是在捞浆后加入自然晒干的新鲜花草制作的花草纸，纸上用活字印刷的方式印上特定的文字，实现了活字印刷与花草纸制作的完美结合，以纸为罩，以原木为座，二者共同组合成一款既有文艺气息又有传统特色的花草纸台灯。在草纸上凹凸的纹理、各色的花草，在灯光的映照下，给人一种身临大自然的美妙感觉。

　　活动时间：2022年5月1日上午9：30—11：00。

　　活动内容：了解古法造纸、活字印刷的相关知识，学习花草纸台灯的制作方法；将事先制作好的花草纸进行剪裁，选择心仪的短句，用活字印刷的方式印在纸张上；裱糊灯罩，组装台灯。

德州市博物馆花草纸台灯制作活动现场

2. "国际博物馆日"文创集市活动

活动主题：今天的德博有力量。

活动意义：在一年一度的"国际博物馆日"来临之际，德州市博物馆为市民准备了一个好玩又好吃的特殊集市，通过邀请市民走进博物馆亲身参与文创制作，将传统文化、馆藏文化和非遗文化融合在一起，拉近市民与博物馆之间的距离。

活动时间：2022 年 5 月 18、19 日 9：00—11：00，2022 年 5 月 19 日 9：00—11：00。

活动内容：德州市博物馆在市集现场开设了丝网印刷、凸版印刷和糖画制作三个摊位，邀请相关手工艺传承人带领参与者以新石器时代灰陶鬲、西周青玉双凤浮雕匕、唐代青釉胡人抱囊形瓶三件馆藏文物为主题，制作文创帆布包、书签以及糖画。

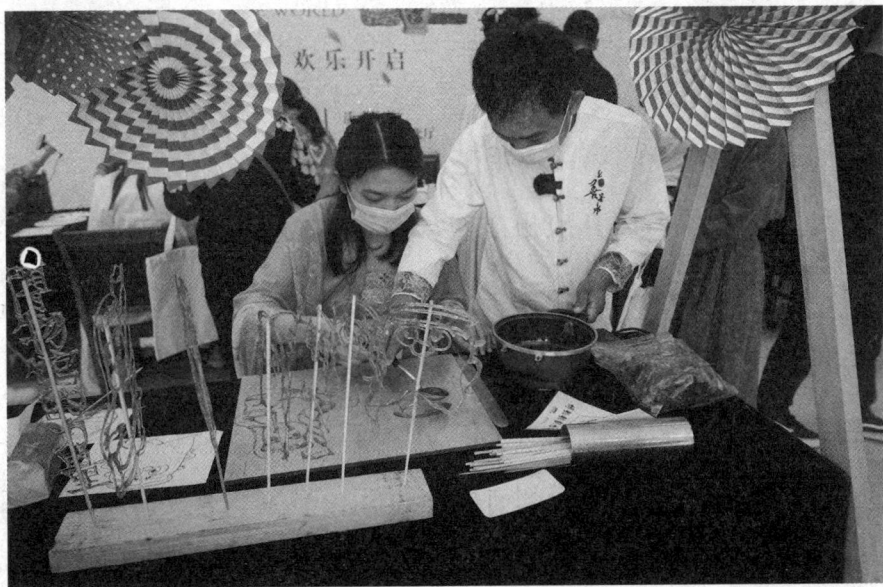

国际博物馆日文创集市活动现场

3. 端午节亲子活动

活动主题：粽情迎端午，看我小小"德博人"。

活动意义：端午节是我们中华民族的传统节日，德州市博物馆谨记文化传承这一光荣使命，为培养下一代的爱国主义情怀，彰显博物馆社会教育和文化传承职能，组织职工端午节亲子活动，让一个个"小小德博人"一同体验节日气氛，感受文化传承。

活动时间：2022 年 6 月 3 日上午 9：30。

活动内容：通过播放课件和动画片，让孩子们了解端午节的由来和节日习俗。在专业老师的带领下，参与者们以家庭为单位举行包粽子比赛，感受包粽子的乐趣。以知识问答的形式，考查孩子们对端午节知识的掌握情况，并对答对问题最多的家庭进行奖励。参与者以家庭为单位参与投壶比赛，获胜家庭获得文创小奖品。

4. 研学夏令营

活动主题：我的第一本手工诗集。

活动意义：为提升德州市博物馆社会教育功能，拉近馆藏文物与广大青少年的距离，弘扬中华优秀传统文化，德州市博物馆举行为期 4 天的研学夏令营。夏令营以"我的第一本手工诗集"为主题，设置雕版印刷、活字印刷、古法造纸及古法装帧课程，让孩子们经历一本书从无到有的全过程，感受古代劳动人民的聪明与智慧；围绕馆藏文物及地域特色，开展文物知识问答、馆内寻宝、历史知识讲座等活动，唤醒孩子们参与和学习的兴趣和热情，寓教于乐。最后，夏令营还以制作文物档案的形式，让孩子们自己动手完成一份夏令营结业作品。

活动时间：2022 年 8 月 2 日—5 日。

活动内容：在研学夏令营期间，孩子们在专业老师的带领下，学习了雕版印刷术、活字印刷术以及古法装帧的相关知识，并尝试运用古代印刷术和装帧技术制作个性化诗集。团队合作参加文物知识问答，体验了馆内寻宝，参与了历史知识讲座。在馆内讲解员的引导下，孩子们参观了博物馆并选取自己喜欢的文物，为其制作了文物档案。

德州市博物馆研学夏令营活动现场

5.中药养生泡脚包制作活动

活动主题：情暖重阳节。

活动意义：尊老爱幼是我们中华民族的传统美德，作为中华儿女，应继承、弘扬这一美德。为引导公众敬老、亲老、爱老、助老，增强社会责任感，在重阳节来临之际，德州市博物馆邀请老年人及家属参与中药养生泡脚包制作体验活动，为他们送上一份健康礼物，丰富老年人的晚年生活。

活动时间：2022 年 10 月 4 日上午 9：30—11：00。

活动内容：由中医志愿者为参与者讲解秋冬季老年人健康保养知识，介绍养生泡脚包中所需各类中药材的药效，老年人与家属共同制作中药泡脚包。

德州市博物馆中药养生泡脚包制作活动现场

五、活动意义

通过定期举办社会教育活动，增强博物馆的公众亲和力，引导公众深入理解传统文化内涵，促进其审美情趣和文化品位的提升，培养其对国家和民族的认同感、责任感。

博物馆广泛开展社会教育活动，能有效提升博物馆的社会影响力，增强博物馆在公众生活中的存在感，促使博物馆不断优化内容和服务，并根据活动反馈调整展览策划与教育形式，提升社会教育与社会服务能力。社会教育活动还能建立起博物馆与社会各界的紧密联系，吸引社会资源投入，拓宽合作渠道，推动博物馆持续创新发展，实现从传统展示空间向多元教育平台的转变，使其在新时代文化建设中更好地发展文化事业。

第二节 "少儿文博正当时"讲解小明星培训选拔活动

一、项目背景

为贯彻落实"一个博物馆就是一所大学校"的重要指导理念，德州市博物馆充分发挥自身优势，始终坚持"引进来"的工作方式。2019 年，德州市博物馆面向社会开展"少儿文博正当时"讲解小明星选拔培训活动，旨在宣传传统文化，弘扬民族精神，树立文化自信，让孩子们参与和融入文化建设。一件文物，承载的是城市的历史与文化，孩子们通过亲自解说，感受中华文明的智慧与魅力。在此过程中，他们不仅能增长历史文物知识，更能增强文化自信和民族自豪感。

二、策划理念

教育的本质是一棵树摇动另一棵树，一朵云推动另一朵云，一个灵魂唤醒另一个灵魂。博物馆作为学生的"第二课堂"，要充分发挥其公共教育职能，唤醒孩子们参与和学习的兴趣和热情。介绍和讲解文物是博物馆讲解员的工作日常，德州市博物馆与市广播电视台合作，秉承着沉浸式的教育理念，让孩子们"变客为主"，由被动学习变为主动传授，将自主探究所获得的文物的文化内涵，以广播电视为媒介将文物故事、文化历史传入千家万户。

三、活动实施

1. 活动目标

此次活动共分为前期培训、展厅讲解、电视比赛以及视频录制四大环节。在整个活动进程中，各位小小讲解员将通过自主探究文物的丰富内涵、精心整理讲解稿件、认真学习讲解技巧等一系列过程，切实增强自身的自主探究能力与语言表达能力，进一步激发对文博知识的浓厚兴趣，从而全面提升自身文化素养。

2. 活动过程

德州市博物馆和市广播电视台合作举办此次活动，德州市博物馆负责引导参与者自主探究文物背后的历史文化，并对其进行文物讲解培训；德州市广播电视台负责举办"讲解小明星"比赛，并对文物讲解视频进行录制。

前期培训：2019 年 3—5 月，共组织 300 多名小学生来到德州市博物馆参观游览并参与培训，他们在馆内讲解员的指导下收集文物资料，整理讲解文稿，进行试讲练习。

小小讲解员正在进行试讲练习

展厅讲解：经过前期的培训，共有50名小小讲解员脱颖而出，正式成为馆内的小小讲解员，为进馆参观的公众进行文物讲解。

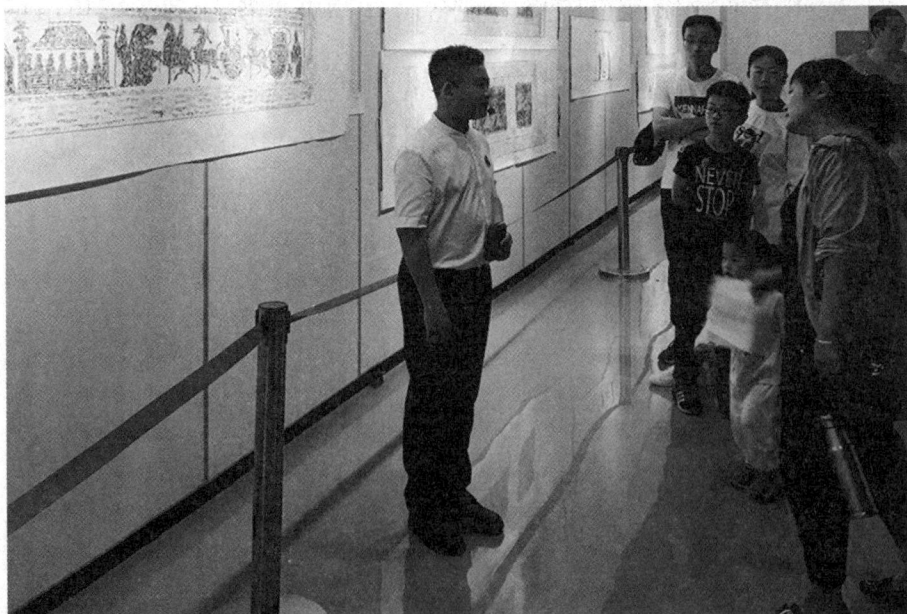

小小讲解员正在为参观者讲解拓片的相关知识

电视比赛：2019年6—7月，各位优秀的小小讲解员带着自己要讲解的文物模型，参加了由德州市博物馆和市广播电视台联合举办的"讲解小明星"比赛，比赛共评选出"讲解小明星"15名。

"讲解小明星"比赛现场

视频录制：2019年10月—2020年4月，15名"讲解小明星"在德州市博物馆录制了《我爱博物馆》系列视频，借由德州市广播电视台这一平台，向广大电视观众介绍蕴含着深厚历史文化内涵的文物藏品。

四、活动意义

德州市博物馆举办的此次社教活动，依托馆内的文物资源，秉承社会教育基本纲领，为少年儿童提供了锻炼自身综合素质的平台，使他们在知识、能力、情感和价值观等方面有所提高，表达能力、学习能力以及个人表现力得到锻炼。在展厅讲解时，他们用自己的语言与热情打动了在场的每一位参观者，赢得了阵阵掌声，大家对小小讲解员们的表现赞不绝口。这一社会教育活动，激发了孩子的学习兴趣，并且在实践与操作中提升了孩子的自主学习能力和语言表达能力，培养了孩子的创新精神，让他们自发地爱上博物馆，爱上家乡的历史文化。

看微视频｜山东省德州市"小小讲解员"：我爱博物馆——《西周凤鸟纹青玉柄形器》

《我爱博物馆》部分视频被"学习强国"平台收录

该活动录制的《我爱博物馆》部分视频还被"学习强国"平台收录，进一步扩大了德州市博物馆的社会影响力，增强了文化感染力。